本書では、そうしたキャリアの節目にあるみなさんに、「人に教えるスキル」について学習していただくことで、今後、リーダーに求められる資質の一つを身につけていただきたいと思います。「教えることは最高の勉強法」といわれるように、「教える」という視点から仕事をながめることで、仕事の基本についての振り返りもできます。同時に、みなさんの仕事に関わるスキル全般も向上することでしょう。

組織のなかで「人を教え育てる」ことの重要性を理解し、全力で取り組んでいただきたいと思います。

２０２４年３月

ＪＭＡＭ 基本能力研究会

CONTENTS

第2章 教え方の基本ステップを知る

第3章 教え方の基本スキルを知る

第4章 教え方の実践スキルを知る

第1章

人に「教える」ということ

ひと通り仕事をおぼえたみなさんが、
つぎに求められることは、これまで学んだことを
新人たちに「教える」ことです。
この章では、「教える」ことにどんな意義があるのか、
「教える」立場の人間としてどのような心がまえが必要かを
理解するとともに、教えるにあたって最低限、
身につけておかなければならない基本を再確認します。

CONTENTS

01

「教える」ことで一人前

▼頼られる先輩としての役割

みなさんは、入社してしばらくの間、先輩に仕事を教わりながら、成長を続けてきたことと思います。ひと通り仕事の基本を身につけ、かなりの仕事を任されるようになっているでしょう。しかし、「与えられた仕事をきっちりこなすことができる」だけでは一人前とはいえません。なぜなら、会社は組織だからです。個人として成果を上げることも重要ですが、組織の一員として仕事を担い、「チーム」として成果を上げることが求められます。チームのなかで、みなさんがどのような役割を期待されているか、しっかりと認識しておくことが大切です。

みなさんに期待される役割のなかでも、特に重要なことが、本コースのテーマである**「教える」**です。自分の仕事のなかで自分なりに生かしてきた学び——「マナー」や「仕事」の基本——を、自分だけのものとしてとどめておくのではなく、チームのなかで、後輩の新人などに教え、伝えていきましょう。みなさんが先輩から仕事を教わったように、今度は、みなさんが後輩に仕事を教える番になったのです。

新人指導を行うことが、みなさんの役割として期待されるのは、大きく2つの理由で、もっとも適任だからです。

第1の理由は、**新人の気持ちやつまずくポイントなどが一番わかる**のは、年次の近いみなさんであるということ。「自分は、ここがわからなかった」「ここを教えられて、衝撃を受けた」「うまくできなかったことが、こうやればうまくいった」など、こうした指導の勘どころを一番理解できるのが、みなさんです。

第2の理由は、**新人にとって、一番相談しやすい相手**が、みなさんであるということ。上司に質問や相談を投げかけることは、そう簡単にできません。「忙しいのに、新人の私の質問などでわずらわせては、叱られるのではないか」「こんなこともわからないのかと、評価を下げるのではないか」などと遠慮してしまうからです。「頼られる先輩」として、新人をしっかり支えてあげましょう。

▼「教える」ことの意義

「自分もまだまだできないことがあるのに、人に教えるなんて……」、みなさんのなかには、こんな不安を抱く方も少なくないでしょう。

しかし、心配には及びません。

会社は、みなさんに、最初から完璧な教育係を求めているわけではありません。**むしろ、「教える」経験を積むことで、みなさん自身が成長することを期待している**のです。

みなさんは、「教える」ことで、これまでの仕事の理解度を確認し、あいまいになっているところがないかどうかを知ることができます。また、教えるプロセスのなかで、「自分もあまりよく理解できていないな」と思ったら、もう一度正確に理解できるように学び直すことができます。つまり、「教える」ことは、一人前になる最終段階として、**「基本」を**

「教える」ことの意義を知ろう

新人を教え育てることは、企業という組織を永続させるためのしくみの要です。

創業何百年という会社には、必ずといっていいほど、先輩から後輩へ伝え続けられているしくみがあるものです。

新人の指導担当となったあなた自身の成長のためにも、その役割にチャレンジしましょう。

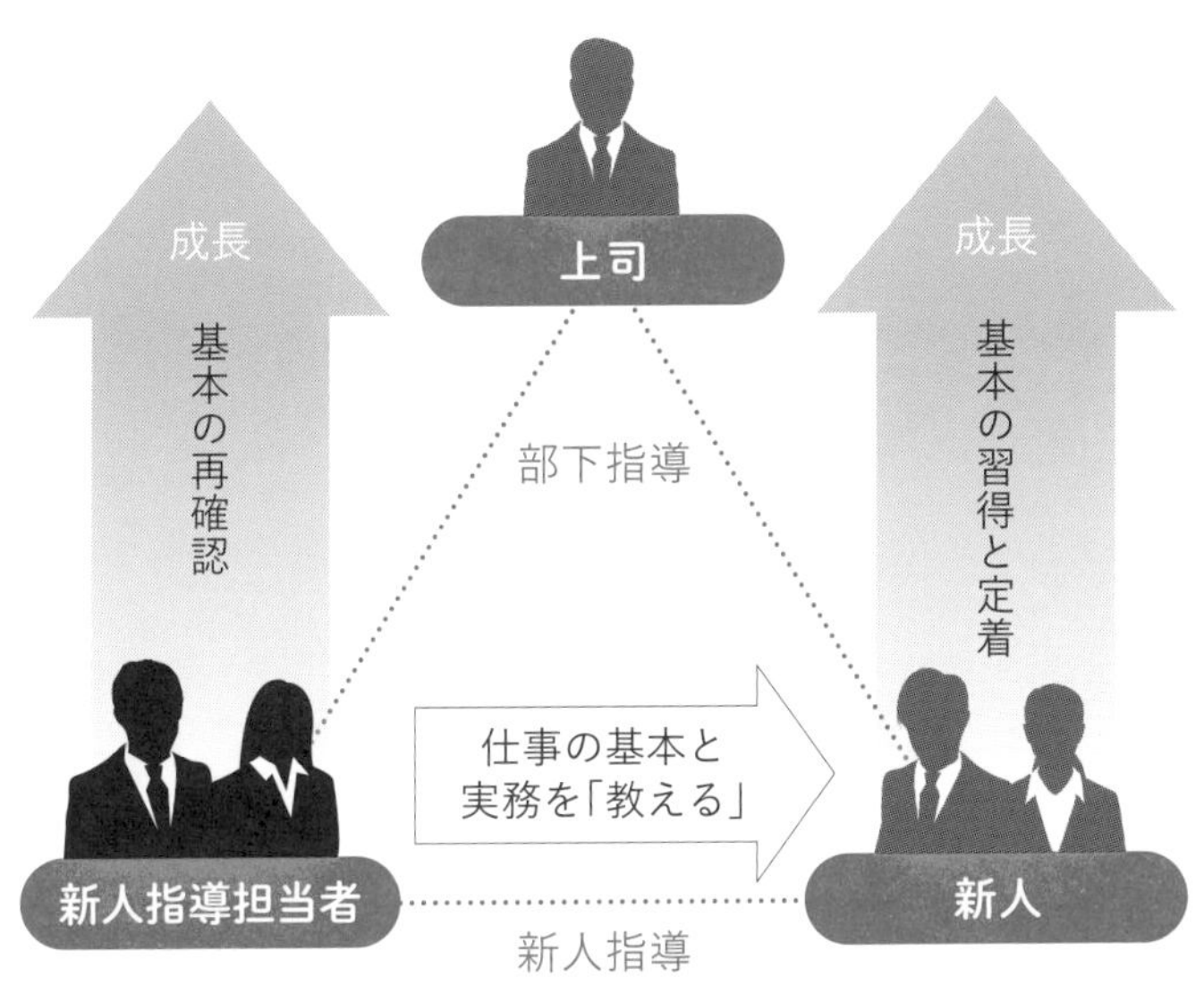

しっかり振り返ることができるという大きな効用があるのです。

さらに、自分ではわかっているつもりなのに、新人にうまく教えられない場面も出てくるでしょう。こんなときは、どうすれば自分の言いたいことをうまく伝えられるのか、その伝え方を見直してみましょう。

コミュニケーション能力は、もっとも重要なビジネススキルの1つです。関連部署に要望を出したり、会議や商談の内容を的確に伝達することができれば、チームとしてのスムーズな連携が可能になります。これまでは、相手のほうが、みなさんの意をくんで質問をしたり、カバーしてくれていたことも多かったはずです。しかし、いつまでも相手にカバーしてもらっていたのでは、一人前とはいえません。

新人に自分の言いたいことを教えようとするプロセスのなかで、自分の未熟な部分に気づき、**コミュニケーション力に磨きをかけることができる**のです。

中堅へのステップアップとは

「教える」ことには、もう1つ、大きな効用があります。それは、**みなさんのリーダーシ**

ップ力の向上につながることです。

みなさんはいずれ、組織のなかで、より責任の重い役割を任されるはずです。たとえば、チームリーダーや主任といった役割は、「メンバーに適切な指示・助言を与え、部署の成果を上げるのと同時に、人を育てていくこと」です。どんなに職務遂行能力が高くても、教え・育てる能力のない人に、人の上に立つ役割を任せることはできません。

みなさんに新人への指導が任される理由には、リーダーとしての経験を積ませたいという期待もあるのです。実際に多くの企業が、新人層を卒業する人たちのつぎのステップに求める要件として、「リーダーシップ」を挙げています。

つまり、新人を指導することは、みなさんの本来の業務とは別に与えられた二次的な職務ではありません。**組織である会社が求める重要な役割**なのです。

会社という組織のなかでは、それぞれの階層において任せられる範囲があります。主任・係長であればチーム、課長や部長は課や部といった部署・部門を任されて、指揮・指導を担っています。みなさんももちろん例外ではありません。最下層の「教わる立場」を卒業したら、後輩の新人を指導できるようになることが役割です。

会社そして上司は、新人の力をうまく引き出して育てているか、みなさんのリーダーとしての言動をしっかり見ています。こうして、組織の中堅として、より大きな役割を果たせるようにステップアップしていくことを期待しています。

CHECK

自分の役割を再確認しよう

つぎの質問は、あなたが新人指導担当者として期待される役割を理解するためのものです。

Q1 あなたが新人指導を任された理由は？

✓ 指導担当として、あなたが適任と思われる理由を考えてみましょう。

参考 ▶ 頼られる先輩としての役割［p.10］

Q2 新人に教えることによって、あなたが得られるメリットは？

✓ 自分自身の仕事の基本習得にどう役立つか、教えることで得られる実務スキルは何かを考えてみましょう。

参考 ▶「教える」ことの意義［p.12］

Q3 今後、組織の中堅社員としてあなたに求められる役割は？

✓ たとえば、率先して仕事をやってみせることで新人の見本になる、仕事の具体的なアドバイスをするなど、あなたに求められている役割を具体的に考えてみましょう。

参考 ▶ 中堅へのステップアップとは［p.14］

02
新人指導の心がまえ

▼指導の基本は信頼関係

みなさんに任される新人指導の基本は、**ＯＪＴ（On the Job Training ＝実務をつうじての職務訓練）**です。自分の仕事を行いながら、新人に仕事の基本とともに実務を教えていくことになります。

ここで忘れてはならないことは、上司の指導とは違って、先輩という立場で行う新人指導には権限や強制力がないということです。

上司にとっては、部下の指導が仕事そのものです。部下を育成し、次代の組織を担う人材を育て、部門の業務を円滑に遂行できるようにすることは、管理者の責務です。

これに対し、先輩として新人を指導する場合は、権限によって指導するわけではなく、新人を拘束する強制力も与えられてはいません。新人が管理者から与えられた仕事を円滑に遂行できるよう、教えるべきことをきちんと教えるという「行動責任」を果たすことは期待されていますが、勝手に仕事を与えることは認められていません。みなさんにとって、新人は〝部下〟ではなく、あくまでも〝後輩〟であることを理解しておきましょう。

権限や強制力によらずに指導するためには、教える側と教わる側が、「なぜ、この指導が大切なのか」を十分に共有しておくことが大切です。その前提となるのが、**信頼関係**です。

新人が仕事をおぼえて遂行するために、みなさんが適切な指示・アドバイスを出せなかった場合を考えてみてください。「あの先輩の言うことはあてにならない」「あの先輩の指示に従っても、うまくいかない」と新人が考えるようになり、その後、あなたの指導を軽んじるようになるでしょう。仕事を進めるうえでは、信頼関係がすべてを左右するといえます。頼りになる先輩として認められることが、新人指導の第一歩なのです。

▼信頼関係を築く条件

新人との信頼関係を築き、指導の役割を果たすためには、大きく2つのポイントがあります。

1 組織の課題や方針についてよく理解していること

まず、**新人の育成計画について、上司がどう考えているか、ＯＪＴをつうじて、新人に何を学んでほしいかを理解しておくこと**が必要です。指導担当者として、何を求められているのかがわかっていなければ、適切な指導はできません。また、上司の命令と、あなたの指導との間にズレや矛盾があると、あなたの指導そのものに疑念が生じて、全面的に受け入れることができなくなるからです。

同時に、上司から新人に、みなさんが指導担当者であること、みなさんから何を学んでほしいと思っているかを伝えてもらうのも有効です。これによって、新人はみなさんの言

新人指導担当者の6つの役割

新人にとってもっとも身近な存在である指導担当者は、
先輩という立場とともに、大きく6つの役割をもっています。

役割1 教師

仕事の基本やスキル、取り組み姿勢全般について「教える」という立場で接します。

役割2 点検者

新人にとって、「基本」を学べる貴重な時期ですから、教えっぱなしにならないように、仕事を始めるとき終わるときには、確認の意味で点検を行うことが必要です。

役割3 味方

いつでも新人の味方であることを示し、ときには親身に、ときには厳しく接するようにしましょう。

役割4 相談相手

もっとも身近な存在であるからこそ、新人の質問には喜んで答える姿勢をもちましょう。

役割5 モデル

新人にとって、数年後の具体的な成長モデルがみなさん自身であることを意識しましょう。

役割6 将来のライバル

新人が一人前になったら、先輩としてできるだけのサポートをするとともに、お互いにライバルとして刺激し合える存在になる、というように、1つの区切りをつけて新しい関係を築いていけるのが理想です。

うことに対して、聞こうという姿勢をもつからです。

2 新人の行動や考え方について十分に把握していること

みなさんが新人と接する際、**「よき相談相手として、アドバイスする」ことを明確に意識することです**。これが、新人の行動や考え方について十分に把握し、適切な指導を行うことにつながります。

新人は後輩ではありますが、役職をもたない一般社員という意味では、対等な関係です。一方的に押しつける方法では信頼関係は築けません。第3章で学習する傾聴や質問などのスキルを活用して、対等な関係でのコミュニケーションを深めましょう。また、相手の進む方向性を明確にして、能力や行動を引き出し、目標達成を支援する働きかけをしていかなくてはなりません。

「一度限りの人生を自分らしくよりよく生きたい」という欲求は誰でももっているもの。新人とみなさんがお互いの「個」を認め合い、信頼関係のうえで新たなものを生み出す**「協働関係」を構築していけるよう、心がけたい**ものです。よき相談相手であり、自分より経験もスキルもあるあなたを、新人が尊敬し、目標とすることになれば、指導をよりスムーズに行うことができるはずです。

新人のやる気を引き出す

「好きこそものの上手なれ」という言葉のとおり、**新人の成長を大きく左右するのが、本人のやる気**です。言われた仕事をやるだけの「指示待ち社員」では、会社としても困ってしまいます。自発的に仕事に取り組む人に育てていけるかどうかは、みなさんが新人のやる気を引き出せるかどうかにかかっています。

新人のやる気を引き出すには、大きく2つのポイントがあります。

1 達成感を味わわせること

教えられた仕事ができるようになったら、**きちんとほめること**です。小さなことでも、仕事が身についたら、そのつどほめましょう。新人はほめられることで自分の成長を実感し、やる気を出すものです。

また、どのような仕事でも、その目的や進め方を示したうえで、「どうしたらよいと思う？」と質問して考えさせましょう。そして、いい考えが出ればほめ、問題があるようなら「どのように問題があるか」を指摘して、助言をします。

こうして自分なりに考えて仕事を進めることに、新人がおもしろみを感じるようになれば、やる気のある自発的な人材へと育っていきます。

2 今後の仕事の幅の広がりを意識させること

その仕事をすることによって、今後、「どのような仕事の幅をもつことができるのか」「どのような部門とつながりをもつことができるのか」の2点を明確に伝えましょう。

一つひとつの仕事が新人の成長に結びついていくという考え方を教えられれば、仕事に対する意識も変わってきます。これは、みなさん自身にも当てはまることです。まず、みなさん自身が自分の幅を広げるため、指導に積極的に取り組む姿勢を示すことが大事です。

▼新人を職場に慣れさせる配慮

仕事そのものにおもしろさややりがいを感じても、職場の居心地が悪ければ、新人のや

ビジネスパーソンとしての「3つの約束」

指導担当として新人に教えることは多岐にわたりますが、最初に伝えたいことは、ビジネスパーソンとして守るべき3つの約束です。

この約束は、ビジネスの場で社会人として認めてもらうための大前提です。

約束1 公私の区別をつける

たとえば、就業時間中に会社のパソコン、備品を私用で使わないなど、プライベートなことを混同しないというのが原則です。また、社内と社外のけじめをつけることも大切です。「会社のルールだから」という以前に、自らの心がけとして、けじめをつけることを教えましょう。

約束2 信頼される行動をとる

遅刻をしない、連絡もなく急に休まない、机の周りの整理整頓をきちんと行うなど、人から信頼されるための気配りが必要です。たとえば、発熱などのように突発的な理由で急に休まなければならない場合は、自分の不在により周囲の業務に影響がないかを考え、必要な伝言を残しておくように教えましょう。

約束3 相手の気持ちを大切にする

相手がどのような気持ちでいるかを想像し、その気持ちに応えて礼を尽くすことです。お世話になった人、困ったときに助けてくれた人、迷惑をかけてしまった人などに、あいさつやお礼、お詫びの気持ちを自ら進んで伝えることが礼儀であることを教えましょう。

この3つの約束は、子どものころに、すでに両親や先生から教えてもらったことかもしれません。ビジネスパーソンとしてという以前に人として大切なことです。あなた自身が模範を示せるよう、新人とともに常日頃意識しておきましょう。

る気は引き出せません。新人を職場になじませることも、みなさんの大切な役割です。

新人が職場に慣れるためには、互いのパーソナリティを理解し合うことが必要です。ランチやアフター5など、より気軽な雰囲気のなかで、雑談や趣味、将来やってみたいことなどを話し合えば、お互いに気心を知ることができるものです。新人は、周りに知り合いもなく孤立しがちなので、できるだけこまめに声をかけましょう。

ただし、押しつけは禁物です。新人のなかには、どんな人ともすぐに打ち解ける人もいれば、人見知りしやすい人もいます。一見、コミュニケーションをとるのを拒んでいるのではないのかと思える新人もいるでしょう。しつこく誘い続けると、むしろ反感を買う恐れもあります。

しかし、指導担当者は、自分が常に心を開いて相手を受け入れる準備があることを示し続ける必要があります。少し間を置いて再びランチに誘うなど、意識して接し続けてください。

さらに、社内外を問わず仕事に必要な人に引き合わせ、スムーズにやりとりできるようにしましょう。

そのためにも、新人によいアドバイスを与えてくれたり、折りに触れて新人を助けてく

新人との信頼関係を築く条件

- ✓ その1　組織の課題や方針についてよく理解していること
- ✓ その2　新人の行動や考え方について十分に把握していること

新人のやる気を引き出す条件

- ✓ その1　きちんとほめて達成感を味わわせる
- ✓ その2　仕事の幅が広がり、成長に結びつくことを示す

新人を職場に慣れさせる工夫

- ✓ その1　「テーマ」を決めてランチやアフター5に誘う
- ✓ その2　社内外の「顔合わせリスト」を作ってもれなく回る
  - ▶社内の雰囲気を知ってもらう
  - ▶記憶に残りやすい情報を教える

れると思われる人となるべく引き合わせるように心がけましょう。その場合は、事前に「新人が入ってくるので、いろいろとご協力をお願いすると思います。今度連れてきますのでよろしくお願いします」と伝えておきましょう。みなさん自身のネットワークを広げる機会にもなります。

CHECK

新人指導の心がまえをチェック！

つぎの項目をチェックして、あなたの新人指導の心がまえを確認してみましょう。

- □ ①新人の指導方針について、上司と事前の確認ができている。
- □ ②自分自身の強み・弱みについて、自己分析ができている。
- □ ③仕事の基本について、きちんと説明ができる。
- □ ④昼食やアフター5に誘うなど、仕事面以外でも新人のフォローを行うつもりである。
- □ ⑤一方的に教えるというよりも、新人自身に考えさせる問いかけをしようと思っている。
- □ ⑥新人を紹介する社内外の「顔合わせリスト」のメンバーをイメージできる。
- □ ⑦自分が不在で指導できないときに、先輩・同僚に新人の指導・フォローをお願いしてある。
- □ ⑧新人から疑問や反論が出たときは、感情的にならず、理解させるようじっくり取り組もうと思っている。

チェックの数が、どれに当てはまるかを確認しましょう。

7個以上 あなたに指導される新人は幸せ者。今の心がまえを継続してもち続け、新人指導に自信をもって取り組みましょう。

4～6個 指導の心がまえができつつあります。チェックの入らなかった項目を今後の課題ととらえて、万全の準備をしておきましょう。

3個以下 今のままでは、信頼関係の構築が困難になる恐れがあります。新人の指導にあたって、何が足りないか、再度、自分自身を見つめ直してみましょう。

03 「仕事の基本」の再確認

▼仕事の基本を振り返る

新人指導にあたって、みなさん自身が、これまで学んできた仕事の基本をきちんと身につけているかどうかを確認してみましょう。

仕事の基本とは、下の図の**基本行動、基本態度**、そして、それらを根底から支える**基本能力**をさしています。

基本行動は、ビジネスマナー、報告・連絡・相談、仕事のプロセスであるPDCAを回

仕事のプロになるための5つの能力

指導能力

後輩のやる気や
能力を引き出し、成長へ導く能力

専門能力

プロとして認められる
専門的な能力固有専門能力／共通専門能力
（企画力、改善力、自己管理力、表現力、説得力）

仕事の基本

基本態度

自分の仕事の経験と知識に基づいて
自ら考えて仕事をする態度
「自己を向上させる態度」
「仕事をおもしろくする態度」

基本行動

社会人として最低限身につけなければならない
基本的な動作・行動、基本意識
「ビジネスマナー（身だしなみ、あいさつ）、ルール」
「報告・連絡・相談」「PDCA」

基本能力

仕事のプロになるための土台を支える能力
「読む力」「書く力」「考える力」

すことです。

基本態度は、組織人として仕事に向き合う姿勢であり、「自己を向上させる態度」「仕事をおもしろくする態度」をさします。

また、これらを支える基本能力は、仕事を進めるうえで求められる、文書を「読む力」「書く力」そして、「考える力」です。たとえば、伝えるべきことをまとめて議事録や報告書を作成することは、中堅社員になる前のビジネスパーソンにとって、当たり前の能力として身につけていることが求められます。

▼基本行動「ビジネスマナー」

仕事の第一歩は、ビジネスマナーを身につけることです。

仕事をスムーズに進めるうえで、なくてはならない基本行動には、身だしなみに始まり、あいさつやおじぎ、電話応対、さらに敬語を使いこなすこと、名刺の受け渡しまで含まれます。これらの基本行動の根本にあるのは、**「相手への気配りと敬意」**です。

新人のうちは、形だけととらえがちなビジネスマナーですが、「基本行動ができていな

CHECK

仕事の「基本行動」振り返りチェック!

つぎの項目について、自信のある項目をチェックして、仕事の基本行動を確認してみましょう。

- □ ①社会人としてふさわしい身だしなみについて理解している。
- □ ②あいさつのマナーについて求められることを理解している。
- □ ③電話応対のマナーを守って応対できる。
- □ ④正しい敬語を使うことができる。
- □ ⑤名刺の受け渡しを正しくできる。
- □ ⑥上司や先輩の指示・命令を正しく受けることができる。
- □ ⑦仕事の納期や約束の時間を守ることができる。
- □ ⑧計画（P）を立てて仕事に取り組み、実行（D）後は確認（C）と改善（A）を行っている。
- □ ⑨仕事のなかで、早めの報告を心がけている。
- □ ⑩連絡を受けるときは、メモをとり、正確に受けている。
- □ ⑪問題を抱え込まず、早めの相談ができる。
- □ ⑫問題点を整理し、相手の都合を聞いたうえで、筋道を立てて相談できる。

チェックの数が、どれに当てはまるかを確認しましょう。

10個以上 仕事の基本について新人に教えられる状態になっていますね。自信をもって指導に取り組みましょう。

5〜9個 指導にあたって自信のもてない項目については、これまで受講した教材や研修内容をもう一度復習して、新人に質問されたときに自信をもって答えられるようにしましょう。

4個以下 自信をもって指導にあたるためにも、日ごろの仕事の仕方を振り返り、できていることとできていないことを具体的に把握しましょう。そのうえで、基本的な知識を再確認しましょう。

「基本行動」の改善を意識しましょう。

基本行動のなかには、ビジネスマナーのほかに、報・連・相（報告・連絡・相談）や、仕事のプロセスであるPDCAを回すこと、時間管理の仕方、整理整頓の習慣まで、社会人として最低限身につけなければならない仕事の基本が含まれます。社会人共通のルールであることを改めて意識して取り組みましょう。

い＝社会人として信頼できない」と受け止められてしまいます。実は本人が気づかないところで、こうした信頼の有無が、仕事の成果にも影響してくることを改めて振り返るとともに、新人にも最初に伝えておきたいものです。

また、これらのマナーには「型」があり、まず、「型」として理解しておくことが求められます。「型」にはまるという言い方をするとき、えてして自由な発想ができなくなることと思われがちです。しかし、これはむしろ逆。基本となる「型」を身につけてこそ、応用や発展もできるものです。

1　身だしなみを確認する

新人を迎え入れる日、まずみなさんがチェックしておきたいポイントが身だしなみです。あとのページのチェック項目で基本的な身だしなみができているかどうかを確認しましょう。

同様のポイントで新人の身だしなみをチェックします。きちんとした身だしなみができているようならほめ、そうでないなら具体的に注意しましょう。

ここで、新人に必ず伝えておきたいことは、なぜ身だしなみが大切なのか、ということ。

「相手に不快感を与えない＝相手への気配りと敬意」、そして**「仕事をしやすい服＝仕事に対する基本姿勢」**であることをしっかり理解してもらいましょう。

2　あいさつは目を見てはっきりと

あいさつは、人間関係の第一歩。「相手の目を見てハッキリと」あいさつするのが基本です。

朝、出勤したら「おはようございます」、上司や先輩が外出するときは「行ってらっしゃい」、帰ってきたら「お帰りなさい」、自分が外出先から帰ってきたら「ただいま戻りました」、他の人が退社するときは「お疲れさまでした」、自分が退社するときは、「お先に失礼します」とはっきりとあいさつしましょう。

こうしたあいさつを率先して行うことで、周囲にしっかり注意を払っていることが伝わります。

言葉と同時に、おじぎの姿勢も重要です。よく見かける「首だけを前に出す」姿勢は間違いです。きちんと腰から上体を曲げて、頭を下げるのが基本です。これは、相手に対して無防備であること、つまり相手への敬意を示します。また、おじぎをするときは、まず相手の目を見て、頭を下げるとき、いったん目線を下げることも大切です。

話をするときも同様ですが、相手の目を見ることは、相手の存在をきちんと受け止めていることを示します。しかし、頭を下げるときも相手から目線をはずさないと、警戒心の表れという印象を与えかねません。本人にそのつもりがなくても、マナーができていないことで誤解を生むことがあることを教えましょう。

▼基本行動「ルール」

出社時間、会議や打合せの時間を守るというルールは、仕事の基本行動のなかでも、もっとも重要な項目の1つです。

時間に遅れるということは、「他人の時間を一方的に奪うこと」に他なりません。また、自分が遅れたことによって迷惑をかけるのは、目の前にいる相手だけとは限りません。相手がつぎに約束をしている人、関係する部署、取引先など、多くの人に影響を及ぼすことも少なくないのです。遅刻は、組織として非常に迷惑のかかる行為なのだということを、新人には最初にしっかり理解させる必要があります。時間厳守はビジネスの基本ですから、信頼を失うことにもつながってしまいます。

もちろん、時間厳守には、納期や報告書の提出期限なども含まれます。ビジネスでは、どんなに内容が優れていても、期日までに納められなければ役に立たないという場合が多いので、せっかくの仕事がキャンセルになったり、大幅な値引きを求められたりすることもあります。こうした事態に陥って、会社に損害を与えることのないよう、しっかり段取りをつけて仕事を進めることの重要性を、新人にも理解してもらいましょう。

▼基本行動「報連相」

組織のなかのコミュニケーションは、「報・連・相（=報告・連絡・相談）」で成り立っています。

指示を受けて、上司にその仕事がどのように進んでいるかを**「報告」**し、関係者に**「連絡」**をとり、上司に不明点などを**「相談」**しながら仕事は進みます。

この報・連・相がきちんとなされなければ、その人の仕事の状況がブラックボックス化してしまい、管理不能になってしまいます。順調に仕事が進むかどうかは、この報・連・

相が習慣化されているかどうかにかかっているといってもよいでしょう。

新人のうちは、上司や先輩の指示にしたがって、与えられた仕事をしている段階です。早いうちに正しい仕事の取り組み方をおぼえてもらうことが必要です。

その第一歩は、指導担当であるあなたへの報・連・相です。これがなければ、適切な指示を行うこともできません。仕事の進み具合のほか、途中で進捗状況を報告させ、仕事の進め方や効率性、アウトプットの内容に問題があれば、適宜、指導します。

新人にありがちなこととして、与えられた仕事が完了してから報告しようとすることや、途中でミスやトラブルを抱え込んでしまったとき、悪い報告をしたがらないことが挙げられます。

誰でも、うまくいったときの〝よい報告〟なら進んでしますが、失敗したときの〝悪い報告〟はしたくないものです。しかし、組織では悪い報告こそ最優先です。なぜなら、ミスやトラブルには、すみやかに何らかの対応を行うことが求められるからです。早め早めの報・連・相を行うことで、被害を最小限にとどめることができます。

たとえば、取引先などに連絡して、納期を延期してもらうのか、先輩に支援を頼んでチームとして納期を厳守するのか、報・連・相がなければ上司は判断できません。報・連・

CHECK

身だしなみ・あいさつと社内ルールのチェック

つぎの項目をチェックして、あなたの新人指導の心がまえを確認してみましょう。

身だしなみ・あいさつの基本チェック

- □ 髪は乱れていないか？
- □ 服装の乱れ、しわはないか？
- □ 袖口やえり先に汚れはないか？
- □ ネクタイ、ベルトはまっすぐか？
- □ 靴は汚れていないか？かかとはすり減っていないか？
- □ 出社時・退社時のあいさつを行っているか？
- □ おじぎの姿勢にも注意しているか？

社内ルールのチェック

- □ 出社時やお客さまとの約束に遅刻していないか？
- □ 社内手続きの提出物に遅れはないか？
- □ 社内での申請（休暇、経費等）に遅れていないか？
- □ 仕事の締め切りに遅れていないか？
- □ 事務用品や電話・メールの使用について、公私の区別をつけているか？

相をつうじて仕事の状況を知ってもらうことは、組織のなかでは特に重要なことなのです。

▼基本行動「6つの意識」

仕事の基本行動を支えているのが、顧客意識、時間意識、納期意識、コスト意識、品質意識、リスクに対する意識という6つの意識です。41ページのチェックリストでセルフチェックしてみましょう。

いずれも日常の仕事のなかで必要とされます。弱みとなっているものを確認しておくことが大切です。自分に正直に、かつ客観的に向き合ってみましょう。

▼基本態度

組織人として仕事に向かう姿勢を表すのが、つぎの2つの「基本態度」です。自分の仕事の経験と知識に基づいて、自ら考えて仕事をする態度といえます。

CHECK

「6つの基本意識」振り返りチェック

つぎの項目について、自信のある項目をチェックして、
あなた自身の6つの基本意識について確認してみましょう。

- [ ] ①お客さまに満足していただくために取り組んでいる。
- [ ] ②時間の使い方について、優先順位を意識して取り組んでいる。
- [ ] ③納期変更や要望の変更があったときに、あわてずに対応できている。
- [ ] ④時間・物・人にどのくらいのコストがかかるかを考えて仕事をしている。
- [ ] ⑤自分自身の仕事について、安定した質を維持することと、さらに質を高めるための努力をしている。
- [ ] ⑥ふだんから失敗や事故を予測して、対策や対処方法を考えている。

チェックの数が、どれに当てはまるかを確認しましょう。

6個以上　基本的な仕事に向かう意識、人間関係面で、新人指導に向けて自信をもって取り組んでいいでしょう。

3〜5個　どの部分について意識が足りなかったのか、表現力やチームワークの面で特に自信がない点を振り返ってみましょう。

2個以下　改善が必要な意識面での取り組みや、人間関係面での努力するべき点について具体的に振り返り、改善策を考えましょう。

①〜⑥に対応する6つの意識について改善ポイントを押さえましょう。

①顧客意識	社内外で、あなたの仕事を受けるすべての人がお客さまです。
②時間意識	すぐにやる必要のある「緊急度」の高い仕事で、影響の大きい「重要度」の高い仕事が最優先です。
③納期意識	仕事の全体像を把握して、納期を意識した進め方を習慣化しましょう。
④コスト意識	使うべきところに適切に使い、余分な支出をしないこと、自分自身にかかるコストを意識することが大事です。
⑤品質意識	品質を保つためには、一人ひとりが「品質を守り高めたい」という意識をもつことが大事です。
⑥リスクに対する意識	リスク(損失を負う可能性のある危険) が発生したときに、いかにすばやく対応できるかが大切です。

1　自己を向上させる態度

目標をもち、向上心をもって学習を続け、未経験の課題に挑戦していこうとする態度です。

2　仕事をおもしろくする態度

基本行動ができていても、「やらされ感」が前面に出ていては、新人にもよい影響を与えません。まず、自ら仕事を好きになること、自分から言い出し、仕事を楽しもうとする態度が求められます。

3　厳禁4態度

前記の2つの基本態度は、すべての仕事の基本として求められますが、それを妨げるのが「厳禁4態度」です。

×「どうしましょうか」という態度

まず自分で考えて、その意見を述べてから上司や先輩の意見を聞くことが必要です。

×「できません」という態度

まず、どうしたらできるかを考えることが求められます。

×発言しないという態度

会議の場では積極的に発言し、討議することが求められます。

×自信過剰な態度

自信がついてきたら、同時に自戒の気持ちを大切にすることが必要です。

▼基本能力

「仕事のプロになるための5つの能力」の土台を支えるのが「読む力」「書く力」「考える力」の基本能力です。

ビジネス文書による「読み書き」の部分は、新人にもお手本を示す機会の多いものです。基本的なことをしっかりと押さえておきましょう。

基本態度、基本能力について、44ページでセルフチェックしてみましょう。

CHECK

「基本態度」&「基本能力」振り返りチェック

つぎの項目について、自信のある項目をチェックして、あなた自身の基本態度と基本能力についてポイントを確認してみましょう。

基本態度

- [ ] ①仕事をおもしろくしようという姿勢がある。
- [ ] ②仕事をするときには、自分自身を向上させようという意欲をもって取り組んでいる。
- [ ] ③上司の判断をあおぐ前に、十分に自分で考えた案をもっていく。
- [ ] ④「無理です」「できません」と言うことはほとんどない。
- [ ] ⑤会議では、どちらかというと発言が多いほうである。
- [ ] ⑥自分の仕事について人から改善点を指摘されたときは、素直に聞いて改善案を検討する。

基本能力「読む・書く・考える」

- [ ] ①社内外に向けてビジネス文書を作成するときは、その見栄え（文字の大きさ、余白など）にも気を配ることができる。
- [ ] ②社内外に向けてビジネス文書を作成するときは、その体裁（文体、表記、漢字・かなのバランスなど）にも気を配ることができる。
- [ ] ③eメールを発信するときは、相手に伝わりやすくするための配慮（件名の付け方、改行の仕方）ができる。

チェック項目について、ポイントを確認しましょう。

基本態度	上記のリストのうち、①②については、今後、仕事を続けていくうえでも常にもっていただきたい「基本態度」です。③～⑥の「厳禁4態度」については、「基本態度」が身についていないことを示すシグナルであり、このシグナルを客観的に振り返ってみることが大切です。
基本能力「読む・書く・考える」	上記リストは、主として、ビジネス文書・e メールといった「読み書き」の領域について確認しました。ビジネスのあらゆる場面で求められる能力です。不安な点があったら、新人に教えられるように、基本事項を確認しておきましょう。

コラム 1

新人の気づき・決意を引き出す

新人に対して、ある程度、高圧的な態度で指示をしないと、指導担当者の言うことを聞いてくれないのでは、と心配する人がいるかもしれません。

ここで大切なことは、新人があなたの言うことに「なるほど」と思えるかどうかということです。対話のなかから、新人に自発的な「気づき」や「決意」を促すことができれば、むしろ一方的に何かを指示するよりも教育効果は高いものです。

相手が自ら望んで行動するように促すための基本は、「どうしたらいいと思う？」「そのやり方で、何か問題はないかな？」などと問いかけを行い、考えを引き出すことです。一方通行で何かを教え込むのと違い、自発的に学んでいくため、今後の成長につながることを期待できます。

コラム 2

名刺は相手の「顔」

取引先など社外の人との打合せに新人を同行させることがよくあります。このため、新人が繰り返し行わなくてはならないのが名刺交換です。新人とはいえ、失礼があると相手に不快感を与えてしまうので、早い段階で教えておきたいビジネスマナーです。口頭でポイントを教えるだけでなく、ロールプレイングで名刺交換の練習をさせるとよいでしょう。

名刺はビジネスパーソンとしての「顔」

敬意を払い、ていねいに扱わなくてはならないと伝えましょう。

絶対にやってはならないことは、相手の目の前でメモ代わりにしたり、受け取ってすぐにしまいこんでしまうこと。打合せの席に着いたら、自分の右手前に、名刺入れを名刺盆代わりに敷いて置くのが、相手に敬意を払っていることを示すビジネスマナーです。

「名刺入れは出かける前に必ず確認！」

これは行動の習慣化です。初対面の人に対し、名刺入れを忘れて名刺交換できないようでは、つきあう意思がないのだと相手に思われても仕方がありません。

コラム 3

目を合わせられないときは？

話をしたり、あいさつをするとき、相手の目を見るのは、ビジネスマナーの基本ですが、気恥ずかしくて、やろうと思ってもできない、という人が意外に多いもの。そんな人のために、とっておきのテクニックをご紹介しましょう。

相手の眉毛やみけんを見る

実際には目を見ていなくても、相手には、目を見ているように映ります。

たまに、相手の目をじいっと見つめて話をする人がいますが、そういう相手と話をしていて、逆にどぎまぎして目をそらしたくなった経験はありませんか。このテクニックは、相手を見る視線が強くなりすぎないという効用もありますので、相手の目を見るのが苦手ではない人もおぼえておくとよいでしょう。

第1章 学習のポイント

01 ▶「教える」ことで一人前

1. 新人指導は、新人を育てて組織のなかで戦力化する重要な目的をもっています。
2. 同時に教える側の指導担当者にとっても、仕事の基本を再確認し、リーダーシップ力を磨くことができるという効用があります。

02 ▶ 新人指導の心がまえ

1. 指導担当者と新人の関係は、先輩－後輩の信頼関係を前提に成り立っています。このため、組織の課題や方針についてよく理解していること、新人の行動や考え方について十分に把握していることが求められます。
2. 新人の成長を大きく左右するのは本人のやる気です。このやる気を引き出すために、達成感を味わわせること、今後の仕事の幅の広がりを意識させることが求められます。
3. 新人を職場になじませることも指導担当者の大切な役割です。そのためにも、新人を助けてくれる人を引き合わせるようにします。

03 ▶「仕事の基本」の再確認

1. 新人への指導は、指導担当者自身にとっても、「仕事の基本」を再確認できるよい機会です。ビジネスマナーや報・連・相などといった基本行動、仕事に取り組む姿勢である基本態度、さらにはそれらを下支えする「読み書き」に関わる基本能力について、しっかりと振り返り、新人に伝えられるようにしておく必要があります。
2. 指導担当者が誤った指導を行わないよう、自分の弱みを自覚しながら指導する必要があります。そのため、自己分析を行い、強み・弱みを把握しておくことが求められます。

第2章

教え方の基本ステップを知る

新人を指導するにあたって必要なことは、
「教え方」のおおまかな流れと、それぞれのステップにおいて
注意するポイントをしっかり理解しておくことです。
この章では、教える前に何を準備すればよいのか、
そして、教える際にどのような手順を踏むのか、
その基本ステップについて学習します。

01
準備に必要なこと

▼指導する内容を確認する

「仕事の基本」は、入社後早いうちからきちんと正しく身につけておくと、その後の仕事を円滑に進めることができます。逆に、一旦、悪いクセがついてしまうと、修正するのはとても難しくなります。

みなさんが新人に教えることを求められているのは、この**「仕事の基本」**です。いい加減なまま新人に教えると、後々まで新人の成長に悪影響を与えかねないという責任がある

指導を始めるとき「質問の受け方」

「教える」途中で質問をどう受けるかによって、教育の効果に大きな差が出てきます。つぎの注意点をまず頭に入れておきましょう。

注意点1 質問できない新人の気持ちに配慮する

「質問に対する積極性が足りない」と決めつけるのではなく、質問しやすい状況をつくることが大切です。場合によっては「何がわからないのかわからない」状態になっていることもあります。

新人指導担当者が忙しくしているとき

新人の気持ち	解決法
「こんなことで時間をとってよいのだろうか」と遠慮する気持ち	「今、お時間よろしいですか？」と相手の都合を確かめさせる。

新人指導担当者が勢いよく話を進めているとき

新人の気持ち	解決法
「こんなつまらないことを聞いてよいのだろうか」と躊躇する気持ち	教える内容を細かく区切って「何か質問はある?」と途中で確認する

プラスαアドバイス

- ✓ まめに報告する習慣をつける。
- ✓ わからないことをそのままにしない習慣をつける。

注意点2 安易に質問する新人に注意する

わからないことがいろいろ出てくる最初のうちはどんどん質問させてもよいのですが、自分で考えないクセがついてしまいがちです。徐々に自立させていく指導が求められます。

何でもすぐに聞いてくる新人の場合

解決法	「A君はどうすればいいと思う」と返して、自分なりの考えを出させる。

質問の仕方が要領を得ない新人の場合

解決法	「質問したい内容のポイントを聞いたうえで、「先方(関係者)は何と言っているの？」「締め切り（納期）には間に合いそう？」と、状況について逆に質問する。

プラスαアドバイス

- ✓ まず自分なりに考えてから、質問・相談にくる習慣をつける。
- ✓ 要点をまとめて話す習慣をつける。

ことを自覚しておきましょう。
教えるべき仕事の基本は、第1章でみなさん自身が再確認をした基本能力や、基本行動、基本態度に加えて、土台となる基本能力を使って行う日常の実務です。そして、それらを教えるための準備として伝えておきたいことが、「約束を守る」「5分前行動」「言われたことはきちんとメモをとる」という**教わる側としての3つの心がまえ**です。これらをみなさんと新人の間の約束ごととして、最初に伝えておくと、その後の指導がスムーズになります。

日常的に行う**基本的な仕事の内容**（実務）は、会社という組織のしくみ、事業の内容、業界・社内用語および知識、所属部署における仕事の進め方、主な顧客など、業務遂行上必要なことです。会社や所属部署におけるルールといえます。特に、業界・社内用語は、きちんと教えておかないと、話した内容が正しく伝わらない原因にもなります。

教える側としては、社会人としてのルールも含めて、会社や職場のルールを、きちんと新人に指導できるようにする必要があります。

▼新人の育成計画を立てる

新人への指導が場当たり的なものとならないようにするためには、新人が配属される前に**育成計画を立て**、見通しを立ててから、指導を始めるとよいでしょう。

「育成準備表」は、新人指導の役割を与えられたときに、役割を遂行するにあたって、つぎの2点についてまとめることを目的としています。これを作成することで、新人指導に対して、何をどのように取り組んでいけばいいのかを、おおまかに整理ができます。

1　社内全体で取り組むこと
2　職場の上司に確認すること

記入の際は、新人の指導について上司に確認することが必要です。その際、会社が大事にしていることや育成方針を頭に置き、育成のポイントとして反映することが求められます。この育成準備表をもとに、**「育成計画表」**を作成します。

育成期間全体をとおして行う具体的な指導内容と、手段・手順を、つぎの4つの視点で整理する表です。

①育成目標（成長のゴール）
②育成目標を達成するために必要な経験・知識・スキル・態度
③指導する時期とその内容
④振り返りによる達成度合いの確認

完成した育成計画表は上司の了承をもらったうえで新人に見せ、目標を共有化します。そうすることで、新人の目標意識、主体性が違ってきます。

めざすべき人材像や期待される行動について、すでに研修などで学んできている場合は、その人材像を踏まえて、新人自身に成長目標を書かせてもよいでしょう。

担当業務との両立

新人指導は重要な役割ですが、だからといって自分自身の担当業務をおろそかにするわけにはいきません。また、打合せや商談、出張などもあるので、新人につきっきりというわけにもいかないでしょう。

そこで、両立のためのポイントや注意点をまとめておきましょう。

ポイント 一人で抱えこんでしまわないこと

適切に周囲を巻き込むことで、両立しやすくなります。その理由は3つ。

その1 新人指導は、会社全体、そして職場にとって重要な仕事である。

その2 必要に応じて、周囲に協力を仰ぐことは、責任放棄することにはならない。

その3 教える内容によっては、他の人にお願いしたほうがよい場合もある。

注意 人によって教える内容にバラつきがないように注意すること

新人の混乱を避けるためにやるべきことは、2つ。

その1 最初に育成計画表を作成したら、職場のミーティングで提出し、意見を募る。

その2 育成計画の達成状況について定期的に報告を行い、共有化を図る。

効果

- ✓ 職場ぐるみで新人を育てるという雰囲気ができあがる。
- ✓ 定期的な報告で新人の習熟レベルを理解して指導を行うことができる。

プラスα アドバイス

不在になるときはフォローを依頼

打合せや商談、出張などで不在になるときは、「○時（△日）までには戻りますので、その間、A君のフォローをお願いします」とひと声かけていきましょう。

「誰かが面倒をみてくれるだろう」ではなく、指導を依頼する人を明確にすることで、新人も安心することができるのです。

育成準備表

記入の目的　新人指導の役割を遂行するにあたって考えるべき項目、整理すべき項目についてまとめます。

（記入例）

社内全体	社内で実施される研修	▶集合研修 ▶通信教育・eラーニング	入社後、1ヵ月は集合研修を行う。
職場の上司に確認すること	新人指導の方針	指導にあたって大事にすること	できるだけ現場で実践を積ませる。
		上司に支援してほしいこと	新人指導に対するアドバイスをもらえるように、定期的にミーティングを開いていただく。
	指導担当者に期待されること	指導担当者としての役割と心がけること	新人の気持ちがわかる、よき相談相手になる。
		指導担当者としての成長の目標	新人に仕事の進め方の手本を見せられるよう、特に納期を厳守することを心がける。
	新人の成長目標	現状の新人の特性	理屈っぽいところがあり、納得してからでないと行動に移せない。
		新人の成長後の姿〔身につけてほしいこと〕	求められるスケジュール、納期を意識して、行動するなかで考えをまとめていける行動力のある人材
	教育予算	▶書籍・雑誌購入 ▶社外セミナーへの参加	年間で10万円
	予想される障害	指導担当者の業務との関連	社外に出ている時間帯が多く、1日3〜4時間は新人のフォローをできないことになる。

育成計画表

記入の目的　育成期間全体をとおして行う具体的な指導内容と、その手段・手順についてまとめます。

（記入例）

育成目標		
	いつまでに	1年後をゴールとして、1ヵ月後、半年後の目標を設定
	何を	「仕事の基本」として、基本行動、基本能力、基本的な仕事の内容の習得
	どこまで	下表のとおり（実施期間と実施項目として記述）

必要な経験・知識・スキル・態度	ビジネス文書の書き方のスキル	対面コミュニケーションのスキル	仕事に対する姿勢

指導内容の実施項目	**実施期間**	**1ヵ月後**	振り返り	**半年後**	振り返り	**1年後【ゴール】**	振り返り
	基本行動・基本能力	電話応対のマナー	△	お客さま応対のマナー		報告・連絡・相談の徹底	
		あいさつ・名刺交換のマナー	○	議事録の書き方		時間管理や整理整頓の徹底	
		eメールの書き方	○	報告書の書き方			
	基本的な仕事の内容	事業内容の理解	△	部署内での業務の流れの理解		業務に関連する経営の基礎知識の習得	
		社内の関連部署と担当者の理解	△	業界・社内用語および知識			

指導内容の振り返り				
	基本行動・基本能力	達成できたこと 「型」は理解できた	達成できたこと	達成できたこと
		達成できなかったこと 関連部署について理解できていなかった	達成できなかったこと	達成できなかったこと
	基本的な仕事の内容	達成できたこと eメールでの報告を行えたこと	達成できたこと	達成できたこと
		達成できなかったこと 時々、電話応対のメモがとれていないことがある	達成できなかったこと	達成できなかったこと

02 「教え方」の基本ステップ

▼やってみせ、やらせて、コメントする

新人に仕事をおぼえてもらうためには、「これ、やっておいて」といきなり命じてもうまくいきません。具体的に、「何をどうやるか」「注意すべきポイントはどこか」がわからなければ、適切な行動をとれないからです。

特に、配属されたばかりの新人は、与えられた仕事を正確に行うことが、当面の目標です。あなたの指示の仕方によっては、その仕事の効率や完成度に大きく影響を与えること

になります。

わかりやすく明確な指示を出すために、仕事を教える基本ステップである**「やってみせ、やらせて、コメントする」**について理解しておきましょう。

ステップ1　やってみせる（説明・示範）

仕事を教える際には、相手にイメージをつかんでもらうために、まずは自分がやってみせます。その際、最初に全体像を説明し示して、仕事の目的と、なぜ行うのか、その意義を説明します。

その後、部分ごとにやってみせましょう。全体像を示したうえで部分に入っていくと、新人はより理解しやすくなります。その際には、全体の流れのなかのどの位置にあたるかを示し、注意すべき点を強調するようにしましょう。

また、仕事が終わったときの報告、途中の質問についても、こまめに行うように伝えましょう。

確認のポイントは、つぎの6つです。

①仕事の目的
②仕事の意義
③最終ゴールイメージ
④仕事の納期
⑤仕事の進め方
⑥注意すべき点

ステップ2　やらせる（実習）

新人が理解できた様子であれば、今度は自分でやってもらいます。

「見ているときは簡単だと思ったが、いざやってみると、なかなか難しい」という経験は、みなさん誰もがおもちでしょう。やらせても、新人はなかなか教えたとおりにはうまくできないものです。

もどかしくなって、途中で中断させたり、一度だけ通しでできたらそれでよしとする人が少なくありません。しかし、時間の許す限り、うまくいくまで何度も繰り返すことが得策です。繰り返すことで、新人は、その仕事のポイントやコツを、自分で気づいていくも

「教え方」の基本ステップ

ステップ1
やってみせる
〈説明・示範〉

ステップ3
コメントする
〈フィードバック〉

ステップ2
やらせる
〈実習〉

のだからです。

確認のポイントは、つぎの4つです。

①ステップ1の内容を確認させる。
②全体をとおして、ひととおりやらせる。
③わからない点や疑問点は、そのつど質問させる。
④うまくいくまで何度も繰り返しやらせる

ステップ3　コメントする（フィードバック）

新人にやらせてみて、間違いがあれば指摘し、間違いなくできたときにはほめます。「できて当然」という態度では、やる気を引き出すことはできません。

また、「相手がひと通りおぼえたらそれで終わり」というものではありません。定期的に新人の様子を観察し、気づいた点があれば、そのつど指摘して修正し、正しい方法が定着するまで見守る必要があります。

学習効果は、人によって差があるもの。問題点が多い場合は、1つずつ指摘して確認しながら、つぎの課題に取り組むように指導しましょう。
確認のポイントは、つぎの4つです。

①ステップ2の結果をもとに、必要なアドバイスを行う。
②よくできた点はほめて、小さな成功体験を積ませる。
③問題点は、1つずつ明確に伝える。
④態度や行動の問題点も忘れずに伝える。

▼「やってみせる」際の留意点

留意点①仕事の流れをイメージさせる

新人にいろいろな仕事を教えなければならないとき、とりあえず目の前の仕事についてだけ、何をどうやるかを個別に教えたほうが手っ取り早いと思う場合が出てきます。しかし、言われたことをただこなすだけでは、新人もおもしろくありませんし、また、他の仕事に対する応用力も養われません。

「その仕事は、どんな仕事の一部なのか」「その仕事がなぜ必要なのか」などもしっかり示せば、やる気を引き出すことができるうえ、仕事の流れをイメージできるため、その後の成長が結果的に早くなる効用があります。

留意点②相手の理解度に合わせる

すでに述べたとおり、学習効果は人によって差があります。新人の理解力がどの程度なのかをしっかり把握し、レベルに応じた指導を行う必要があります。

意外に見落とされがちなのが、新人の理解度が高い場合です。すべてを細かく説明しなくてもわかるようなら、冗長にならないよう、わかっているところは簡潔に説明するとよいでしょう。

留意点③手順を見直す

毎日同じように行っている作業は、自分なりに簡略化していたり、大事な確認作業を省いていたりすることもあります。新人に指導する機会に合わせて、自分がふだんやっている仕事の手順を見直してみると、自分自身の仕事の改善にもつながります。基本を再確認

ビジネスマナーこそ「やってみせる」

仕事の流れをひととおり「やってみせる」こと以外に、基本的なビジネスマナーは、まず指導担当者であるあなたが実践している姿を日々見せることが重要です。

席次のマナー

新人に基本的な席次を理解してもらうためには、ひと通り教えた後、実際の訪問先の応接室やレストラン、乗り物などで、新人を末席に座らせるようにすると、自然と身についてきます。

また、お客さまはもちろん、上司や先輩は新人よりも上座に座るもの、ということを指導担当者自身が行動で見せていくことで、「上座を勧める」という行動も自然とできるようになります。

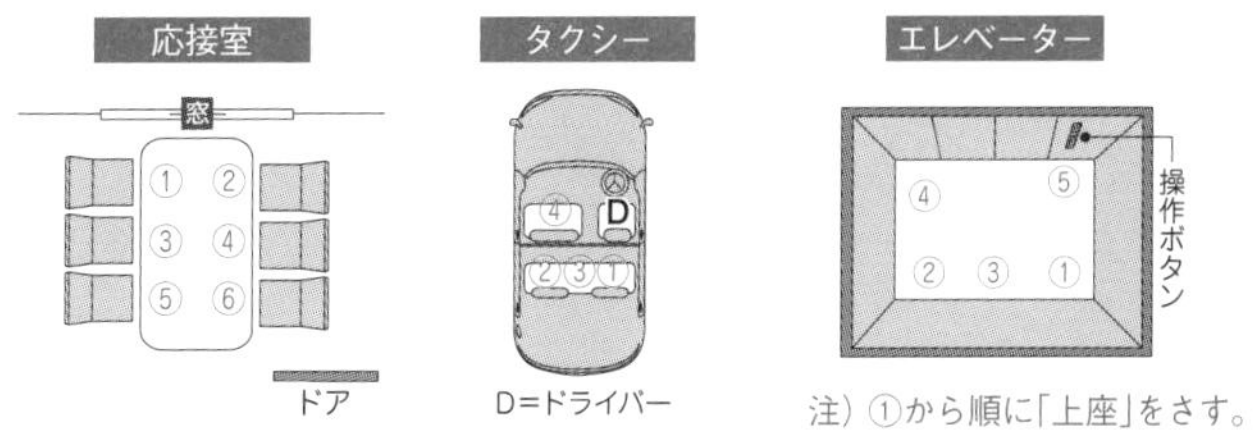

注）①から順に「上座」をさす。

名刺交換のマナー

［名刺の準備］

・名刺は切らさないように。

［名刺交換時］

・必ず立ち上がり、上司・先輩から順に。

・相手の正面で「○○社の△△と申します」と自己紹介。「頂戴いたします」と基本は両手で受け渡し。ただし、応用編として、同時に交換するときは、右イラストを参照。

プラスα
アドバイス

ひと言添える

- ✓ 名刺を受け取ったときに「頂戴いたします」
- ✓ 上座に通されたときに「失礼いたします」
- ✓ お茶をすすめられたときに「恐れ入ります」など、

プラスのひと言を添えると、スムーズにつぎのやりとりに入っていけます。形だけでなく「相手に敬意を示す」「配慮する」という姿を新人に見せることができるのです。

するよい機会としてとらえましょう。

留意点④要点と理由を説明する

新人に説明・示範する際に大切なことは、「ここを押さえておくと間違いがない」「ここが重要」といった要点（ポイント）をきちんと示すことです。そして、「なぜそうするとよいのか」という理由を伝え、相手に納得してもらうようにします。

必要性について理解していなければ、本当の意味で物事を学び習得することは難しいものです。「先輩にはあのように言われたけど、これくらいやらなくていいだろう」と新人が間違ったやり方を身につけることにもなりかねません。

▼「やらせる」際の留意点

手本を見せられた後、いざ「やってごらん」と言われると、誰でも最初は緊張するものです。最初からスムーズにできる人はむしろ少数です。新人にやらせる際は、以下の点に留意します。

留意点①機会を何度か設ける

新人がうまくできなかった場合、「後で復習しておいて」「できるようになったら報告して」などと、できなかったことをそのままにして、先に進めることがないように注意しましょう。

目の前でやらせるのは、教えたことをきちんと理解しているかどうか、確認するためです。できていないことや改善点を的確に指摘し、うまくできるようになるまで、何度でも繰り返しやらせることが大切です。あなたが見ていなければ、できていないことや改善点が克服されているかどうか、新人は自分で判断するしかなくなってしまいます。

特に、複数の新人に同時に何かを教える場合は、それぞれの習熟度に差が出ます。一番飲みこみが早い人にペースを合わせると、取り残される人が出てくる可能性が高くなります。

その場で全員ができるようになるのがベストですが、それが難しい場合は、できなかった人に後で別にやらせる機会を設けるなどの配慮も必要です。

留意点②説明させながらやらせる

伝えたことがひと通りできるようになったら、今度は新人に手順を説明してもらいながら、やらせてみます。

大切なのは、要点とその理由も説明させること。新人が自分で説明できると、理解を定着させる効果があります。

留意点③方法を工夫する

事務や製造などのように、仕事の手順が決まっている仕事の場合は、実際の職場で教えることができます。しかし、接客や営業、クレーム対応など、対人に関わる仕事では、実際の状況を体験しながら教えることが難しい場合があります。

こうしたケースに有効なのが、**ロールプレイング（役割演技法）**です。

▼「コメントする」際の留意点

実際に手本を示し、仕事をやらせてみても、新人は、自分の「どこが悪いのか」「どこ

ロールプレイング技法 役割演技法

ロールプレイング技法（Role Playing）は、通常、「役割演技法」とよばれている教育訓練技法の1つです。

組織では、メンバーそれぞれが役割（ロール）を分担することで目標を達成します。こうした関係を、特定の状況を想定して演じることで、参加するメンバーそれぞれの考え方や行動を見直し、改善や向上をめざすことを目的としています。

効果 実際に自分自身で役割を演じることで、その役割への納得の度合いも高くなります。

・相手の考えや感情の動きを把握することの難しさを理解できる。
・相手の話を完全に聞くことの難しさを理解できる
・やりとりをとおして、状況変化をつかむことができる。
・自分の言動の特徴をつかむことができる。

手順

手順1 説明‥‥ロールプレイングの目的とねらい
手順2 準備‥‥気軽な雰囲気づくり
手順3 役割を決める‥‥複数名で行う場合は、参加メンバーの役割を決定
①進行する人＝ロールプレイング全体の進行
②演技する人＝登場人物を演技する役割
（たとえば、お客さま役と営業担当者役など）
③観察する人＝演技する人以外のメンバーは観察
手順4 ロールプレイングの実施
手順5 振り返り・討議……観察した人は演技した人に対するコメントを発表。討議をするなど評価する

プラスα アドバイス

観察を主体に行う

原則として、指導担当と新人の2人で行うとき、「やってみせる」場合は指導担当者が営業担当者役、新人がお客さま役を、「やらせる」場合は役割を入れ替えます。役割を相互に入れ替えることで、新人は、指導担当者の演技を観察できます。ロールプレイングの訓練技法は、複数名で行い、観察することを主体として真剣にやると、とても高い効果を上げることが期待できます。

を改善するべきなのか」を、自分では把握できない場合が多いものです。

そこで、新人の間違いや改善点を指摘し、よりよい方法を示す**「コメント=フィードバック」**が重要になります。これは、やったことに対する評価でもあり、新人の取り組み姿勢にもよい影響を与えます。

ただし、悪い点ばかりについてコメントされたのでは、新人は自信をなくしてしまいます。よい点についても、「この部分はよくできている」とコメントし、合格水準に達したら、さらにほめることも大切です。

「コメントする」際には、以下の3点に留意しましょう。

留意点①客観的な事実を指摘する

具体的な行動や仕事の結果に対して、客観的な事実と改善点を指摘するように心がけましょう。「やる気が見えない」「パッとしない」など、主観による抽象的な評価では、新人も何をどう改善したらよいかわからないからです。

たとえば、「相手に確実に聞こえるよう、大きな声で返事をするように」「ダラダラ話をせず、最初に結論を言うように」など、できるだけ具体的に、事実と改善点について指摘

CHECK

ポイントを押さえて「コメントする」

新人にやらせたとき、漠然と見ているだけでは、適切なコメントができません。そこで、どこに目を光らせて新人の仕事ぶりをチェックすればよいのか、ポイントを挙げましょう。

新人の仕事への取り組み姿勢

新人の取り組み姿勢にやる気が感じられないとき、何か別に理由がある場合も多いものです。そのまま指摘するのでなく、アフター5などに「どう？仕事はおもしろい？」などと聞いてフォローしましょう。

また、指導方法がわかりにくいのではないか、難しすぎないか、接し方が威圧的になっていないかなどを見直すことも必要です。

仕事のやり方

「時間」「コスト」「労力のかけ方」の3つをチェックするのが基本です。すでにその仕事に慣れた人と比較してみて、どのくらい時間がかかっているのかを客観的に示すことで、新人自身も、到達目標を意識しやすくなります。

仕事の正確性

新人にとって、まず大事なことは「仕事を正しく行うこと」です。この点について、しっかりと観察し、コメントしましょう。

仕事の手順

仕事の手順が間違っていたら、その場で注意することが必要です。もし、後から気づいたときは、改めて新人に手順について説明してもらって、誤りを正しましょう。

仕事の流れのなかで押さえるべきところ

仕事をていねいに行っていても、「押さえておかなくてはならない要点」をはずしていては無意味になりかねないことを理解してもらいましょう。

そのためにも、ひと通りやらせて、コメントするときには、もう一度押さえるべき点は何か、そしてそれを行う理由も一緒に説明するとよいでしょう。

するようにしましょう。

留意点②その場ですぐ伝える

時間が経過してからフィードバックすると、新人は実際にやったとき、どのようにやったか覚えていないことも多いものです。そうなると、改善効果はあまり見込めません。

また、指導担当者のほうもフィードバックが遅れてしまうと、大事なことを言い忘れてしまう場合もあります。気づいたらその場で、タイミングよく指摘することを心がけましょう。

留意点③自尊心を傷つけない

「他の新人は、とっくにできているよ」「何度言ったらわかるのかな!」などと、感情的な言葉でフィードバックすると、相手の自尊心を傷つけ、かえってやる気をなくさせてしまいます。

「リーダーは、怒るのではなく、叱れ」と言われますが、叱らなければならないときにこそ、自分の感情をセーブし、できるだけ冷静に、新人と接するようにしたいものです。

フィードバックを素直に聞き入れてもらうためには、「あと少しでできそうだから、もう一度やってみよう」「〇〇の部分はよくできているから、あとは△△のやり方を直していこう」など、ほめることも意識し、穏やかに根気よく接するようにしましょう。

STEP 2

やらせる

- [ ] ①ふだんから、「この方法は自分も取り入れたい」「このやり方ではミスが出るだろうから、まねしないようにしよう」といった観察を行っている。
- [ ] ②ロールプレイングで仕事を教えた経験がある。
- [ ] ③仕事の進め方について、「良い／悪い」の判断基準をもっている。

POINT

①仕事の進め方や方法について、「良い点」「悪い点」を観察しましょう。

②経験がなければ、同期や先輩に頼んで、自分自身、経験しておきましょう。

③新人はいきなり完璧にはできないもの。「最低限、これだけはできるようにさせる」という合格点の水準を自分なりにつくっておきましょう。

STEP 3

コメントする

- [ ] ①客観的に物事を評価する習慣が身についている。
- [ ] ②自分なりの仕事の工夫やポイントを言葉で説明できる。
- [ ] ③フィードバックのタイミングをつかんでいる。
- [ ] ④よくできたらほめ、問題点は根気よく指導できる。

POINT

①主観ではなく客観を。事実として指摘することで改善につながります。

②指導担当者自身の工夫を伝えることで、気づきを得ることができます。

③フィードバックはその場で。タイミングをはずさないように注意しましょう。

④上手にほめて、冷静に叱る。新人の気持ちにも配慮しましょう。

プラスα
アドバイス

3ステップの実践に向けて

・チェックが入らなかった項目について、もう一度、自分自身の仕事と照らし合わせて振り返ってみましょう。

・コメントに関しては、悪い点や苦手な点を、実際に行うときに意識するだけでおおいに改善されます。自分の抱える問題点をしっかり認識しておきましょう。

CHECK

「教え方」の3ステップ

3つの基本ステップをきちんと実行できるか、チェックしましょう。

STEP 1

やってみせる

- [ ] ①仕事の全体像を、きちんと説明できる。
- [ ] ②仕事の目的と意義について説明できる。
- [ ] ③仕事の手順についてわかりやすく説明できる。
- [ ] ④それぞれの仕事について、どこがポイントかを端的に説明できる。
- [ ] ⑤新人の理解度を確認しながら説明できる。

POINT

①全体から部分へ。まず大きな流れをイメージしてもらうことが大事です。そして、そのなかのどの部分に該当するかを示します。

②「なぜ」を意識しながら仕事をすることで、よりレベルの高い仕事につながっていきます。

③ふだんから効率的な手順を踏んでいるかどうかを意識しましょう。

④ポイントを押さえることは、自分自身の仕事を振り返ることにもつながります。

⑤小さなステップを1つずつ押さえて、確実に理解してもらいましょう。

03 仕事の流れに沿った指導

1日の始まりに注意すること

1日の始まりである朝は、その日の仕事を円滑に進めるうえで重要な時間帯です。仕事が終わった後、プライベートな時間を過ごすことや睡眠をとることで、心身ともに区切りが生まれます。何となく出社し、何となく席に着き、何となく前日の仕事を再開したのでは、この区切り効果を有効に活用できません。

そこで朝、新人と顔を合わせたら、以下のポイントに注意しましょう。

1日の始まりに注意すること

ポイント1 あいさつプラス確認のひと言

「おはよう、昨日はご苦労さま。期日までに間に合いそうだね」

「おはよう、Aさん。今日はいよいよ締め切りだ。午前中でめどを立てよう」

先輩であるあなたが先にあいさつすることで、新人はプラスのひと言を肯定的に受け取ってくれます。

ポイント2 否定表現を避ける

大切なことは、新人のその日1日のやる気を引き出すこと。

明らかな失敗は、本人も自覚しているので、それ以上、追い打ちをかける必要はありません。

ポイント3 具体的な仕事の指示をする

朝、新人の1日の仕事の流れや行動予定を確認すること。

もし時間が空いていたら、たとえば「営業用のリストを作成しよう」「電話でアポイントを取ってみよう」など、小さな仕事を具体的に指示します。

ポイント4 仕事のつながりを意識させる

仕事の全体像を伝えると同時に、午前中のAという作業と午後に行うBという作業がどうつながっているのかを新人に考えさせ、意識させるようにしましょう。

1日の始まり(朝)

- ✓ あいさつプラスひと言
- ✓ 否定的な表現は避ける
- ✓ 当日の仕事を具体的に指示
- ✓ 仕事のつながりを意識させる

毎日、朝の時間を大切にして、新人とどう接するかをしっかりと意識すれば、1日の新人の仕事への取組み姿勢が大きく変わり、指導の効果を高めることにもつながります。

▼1日の終わりに注意すること

長期にわたる仕事も、1日という単位の積み重ねで行われています。1日の終わりには、明日に向かっての課題を明確に示すことによって、新人の確実な成長を促すことができるものです。

新人のやる気を引き出し、仕事の習熟を促すことができるよう、新人に気持ちのよい終わり方をさせましょう。

そのために必要なことが、1日の**振り返り**です。これは、1日の終わりに行うことで、**区切り効果**を期待できます。

つまり、改善点を指摘されれば、その時点で気持ちの落ち込みがあっても、翌朝には「今日は前に言われたことで注意されないようにしよう」と意欲を取り戻すことができますし、逆に、ほめられれば、翌朝は「今日も頑張っていこう」という活力につながるもの

1日の終わりに注意すること

ポイント1 1日を振り返る習慣をつける

1日の仕事ぶりはどうだったのかを簡単にフィードバックすることが大切です。

仕事の振り返りを行う習慣が身につくように、「よかった点は？　収穫は？　反省点は？」と聞いて、自分で考えさせます。

ポイント2 報告の習慣をつけさせる

たとえ特別な報告事項がなくても、「今日は特に問題ありませんでした」と、“報告をする”習慣をつけさせます。「報告は毎日、必ずしなければならないもの」と意識させる必要があります。

ポイント3 整理・整頓の習慣化

整理・整頓すれば、「探す時間」というムダがなくなり、仕事の効率が上がって、翌日、気持ちよく仕事に取り組めるようになります。

仕事をやり終えてもそれで終わりではなく、「片づけるのも仕事のうち」と伝えて、整理・整頓の習慣をつけさせるようにします。

ポイント4 翌日につながる区切りのひと言

「お疲れさま。明日も忙しいから、早く寝て疲れをとったほうがいいよ」
「ご苦労さま。今日も1日よく頑張ったね」

プラスのひと言で感謝やいたわりの気持ちを伝えることで、明日に備えることができるようになります。

1日の終わり（夕）

- ✓ 1日の振り返りをする
- ✓ 1日の仕事について必ず報告させる
- ✓ 片づけるのも仕事のうち
- ✓ 翌日につながる激励の言葉

です。

「PDCA」サイクルに沿って指導する

わけもわからず、「とりあえずやってみる」では、仕事の効率は上がりません。また、やってみると、当初予想していなかった課題に気づくことも多いものです。そこで、仕事の基本行動の一つである**PDCAサイクルという4つのステップを回していく仕事の流れに沿った指導について理解しておきましょう**。

P―D―C―Aサイクルをしっかり回して、業務の見直し・改善を繰り返すことは、組織においても、また、個人が仕事をするうえでも土台となる大切な習慣です。あなた自身、このことを強く意識しながら、この時期の新人に確実に習慣化させるよう心がけましょう。

Plan（計画）

計画はその通りに実施されてはじめて意味をもつものです。したがって、実施できることが前提でなければなりません。つまり、計画の対象は、計画を立てることによって実施することが明確になり、効率化・成果が期待できるものということになります。

そのためには、**やるべきことを書き出してみて、いったん客観視したうえで、内容を確認すること**が、計画段階でのもっとも重要なポイントです。

確実に実施できる計画を立てるためには、「やるべきこと」を実施するにあたって「問題となることは何か」「期限はいつまでか」「具体的にどんな順番（スケジュール）で行うか」が明確になっていることが必要です。

そして、立てた計画に無理や無駄がないかを新人と一緒にチェックしましょう。

Do（実施）

計画は、その通り実施されてはじめて意味をもちます。しかし、多くの仕事は、計画どおりにはなかなか進まないものです。仕事を取り巻く環境や優先順位が変わったり、別の緊急な仕事が入ってきたり、事故やトラブルが起こったりと、計画どおりにいかない要因が山ほどあるからです。

想定できる限りのリスクを計画段階で盛り込んでおくのがベストですが、すべてを想定することは不可能です。実施段階での最大のポイントは、上司はもちろん、**関係者と絶え**

ず報告・連絡・相談を行い、状況を共有しておくことです。

そして新人に教えておきたいことは、不測の事態で計画を修正したときに、最終目標がぶれないようにすることです。そうでなければ目標を達成することは難しくなるからです。

Check（検討・評価）

実行してみて、「うまくいったからOK」「うまくいかなかったから、つぎは頑張ろう」というだけでは、やりっぱなしと変わりません。つぎにつながるよう、仕事の結果を客観的に検討・評価することが重要になります。

うまくいった場合でも、継続して順調に進んでいるのか、何か思わぬ別の問題が起こっていないかを確認しましょう。

「何が」「どのように」「どれくらいうまくいったか（いかなかったか）」について、当初立てた目標・計画との差を明確にしましょう。

検討・評価段階で教えておくべきことは、事実で確認することです。思い込みや推測で検討してしまうと、本質を見失うおそれがあり、つぎに生かせなくなってしまいます。

新人のフォローはD-C-A-Pで

新人に指示をして仕事をさせた後は、「D-C-A-P」でフォローするとよいでしょう。D-C-A-Pとは、P-D-C-Aサイクルを応用した考え方です。

どんなに的確に指示を出せても、やらせっぱなしでは不十分。あなたの指示を新人がどう受け止め、どのように実施し、そこからどのような教訓を得たのかを確認し、つぎにつなげる必要があります。

しかし、経験が不足している新人は、Plan（計画）を立てられず、行き当たりばったりで仕事を進めてしまったり、計画を立てることにこだわるあまり、仕事に着手できなかったりすることがあります。そこで、Do（実施）からサイクルをスタートさせるのです。

まずDoし、Check（検討・評価）し、Action（是正）を考える、をひととおり経験すれば、計画が立てやすくなります。

D-C-A-Pサイクルを、P-D-C-Aサイクルに移行するポイントは、指示を徐々に減らすことです。指示されなくても自分で考えてやることこそ、Plan の力。さらに力がつけば、仕事の概略を指示しただけで、自分で考えて、目的の確認や取り組み方法の提案を行ってくるようになるはずです。

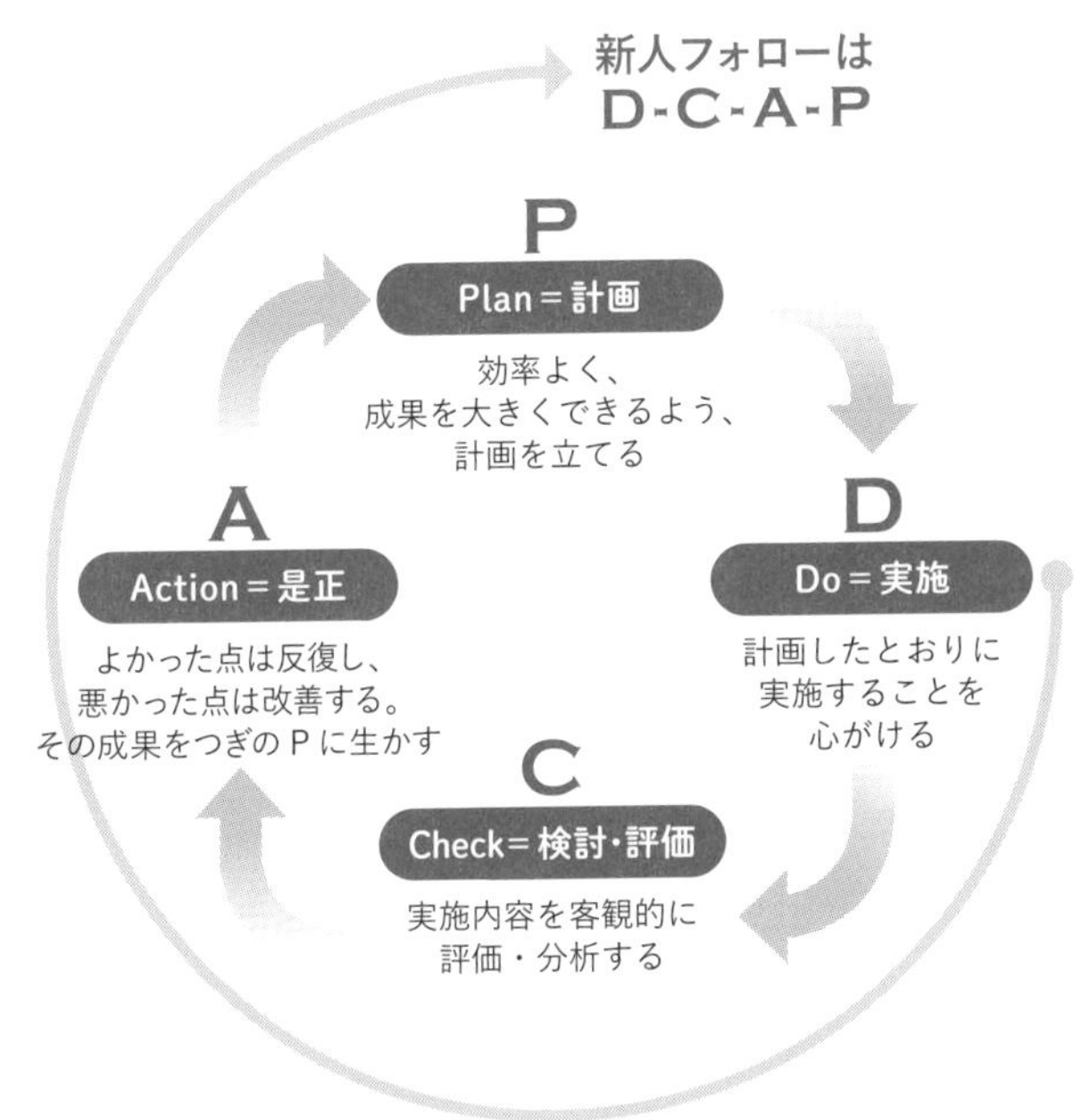

Ａｃｔｉｏｎ（是正）

検討・評価段階で発見した「うまくいったこと」は、これから先もずっと「うまくいく」ようにする必要があります。たまたまうまくいったというレベルでは、不安定な仕事ぶりということになります。「うまくいかなかった」ことについては、「つぎは今回よりもうまくいく」ようにする必要があります。うまくいったことは定着化し、うまくいかなかったことは再発防止策を講じるというのが、是正段階です。

ポイントは、**「いろいろな角度から考えること」と「具体的に考えること」**の２つです。いわば定着化のための方策、再発防止のためのアイデアを考えるわけですから、さまざまな角度でより多くの人から意見をもらったほうがいいのです。

たとえば、「信頼関係の形成に努める」「報告を徹底する」のようなスローガンを思いついただけで、対策を打ったつもりにならないようにしましょう。「信頼関係の形成に努める」なら、「そのために具体的に何をするか」という行動に落とし込んではじめて、是正段階をクリアしたといえます。

さらに、この段階で終了ということではなく、再び、考えた対応策を盛り込んだＰ（計画）に移る、というのが「ＰＤＣＡサイクルで回す」ということです。

P-D-C-Aの実践度チェック

つぎの項目について、新人がどのくらいできているかをチェックしてみましょう。あわせて、あなた自身についても振り返ってみましょう。

PDCA	新人	あなた	チェック項目
Plan〔計画〕	□①	□①	「何を」「どのくらいの時間をかけて」「いつまでに」やるか、明確に目標を設定している。
	□②	□②	事前にどのような手順や方法で進めるか、見通しを立てている。
	□③	□③	優先順位を考えている。
Do〔実施〕	□④	□④	困難な状況に直面しても、最後までやり遂げる。
	□⑤	□⑤	実行途中で、こまめに報・連・相を行っている。
	□⑥	□⑥	やるべきことに集中して取り組み、時間どおりに終えられる。
Check〔検討・評価〕	□⑦	□⑦	仕事の成果について、客観的に振り返っている。
	□⑧	□⑧	よかった点、問題のあった点について、理由、原因を明確にしている。
Action〔是正〕	□⑨	□⑨	やり終えた仕事についても、さらに改善点を考えている。
	□⑩	□⑩	うまくいったこと、いかなかったことについて、周囲と情報共有して活用している。

プラスα アドバイス

PDCA 実践に向けて

Plan
- 計画を実行した後の成果を具体的にイメージしましょう。
- 目標達成のための手順を具体化し、優先順位を考えましょう。

Do
- 突発的な仕事のように見えて、実は発生頻度が高い仕事を整理して、事前に計画に組み込みましょう。
- 相手の意見には耳を傾けて、周囲の協力を得ましょう。

- 中間チェック：「いつ」「誰が」「何を」「どのように」行うのか、その結果を誰が判断するのかを計画段階で決めておきましょう。
- 事後チェック：周囲から客観的な評価をもらって、当初の目標との差異を明らかにして、問題点を明確にしましょう。

Action
- 「さらにどうすればよくなるか」、修正案を考えてみましょう。
- 誰もが同じように行えるように、標準化（マニュアル化）を考えてみましょう。

（記入例）

社員番号	部署	氏名
1022	販売促進部	日能太郎

6月13日 水曜日	6月14日 木曜日	6月15日 金曜日	「今週の振り返り」
先輩と一緒にお客さまを訪問した。	商談の場に初めて立ち会った。	営業の電話で初めてアポイントが取れた。	今週は初めて行ったことが多かった。
名刺交換のときにどのように受け取ればよいのか迷ってしまった。	何も話せず、よくわからないまま座っているだけだった。	最初は緊張したが、慣れてくると断られても抵抗がなくなった。	戸惑ったり、緊張したりした。
名刺交換の正しい方法について、受講中のテキストで復習する。	専門用語など、わからなかった言葉はメモして、帰社した後で、必ず調べる。	・一方的に話して相手に警戒されている。 ・相手としっかりコミュニケーションをとれるようにしたい。	自分ではわかっているつもりで、実際に現場に行くとできていないことがわかった。
ビジネスマナーは場数を踏むこと。あまり難しく考えすぎず、相手に不快感を与えないことを第1に考えることです。	いい取組み姿勢だと思います。プラスαで、話の流れについて意識できれば、さらにGood!	営業の基本は「聞く」こと。そのことに気づけたことは大きな前進だと思います。	今週は仕事の基本のとても大事なことに気づくことができたのではないでしょうか。確実にできるように頑張ろう!

プラスα アドバイス

効果の高いCheck（検討・評価）を行うために

Check（検討・評価）とAction（是正）は、必ず「書いて」振り返りを行いましょう。その際に、ただ「〜をやった」という事実や行動だけを書くのではなく、そのときの気持ちや、さらに、そこからどんなことに気づいたのかを書いてみましょう。

たとえば、「できなかった」「失敗した」という事実があったとき、「くやしい」「残念だった」という気持ちを振り返り、「仕事をするうえでの準備の大切さ」に気づくところまで深められると、つぎの改善につながっていきます。

週間成果確認表

記入の目的　このシートでは1週間の活動について、新人に振り返りをまとめてもらい、つぎにつながるように指導担当者としてコメントをします。

	6月11日 月曜日	6月12日 火曜日
事実 〔行ったこと〕	課のミーティングで議事録をとった。	課のミーティングで議事録をとった。
気持ち・感情 〔行ったことに対して、何をどのように感じたのか〕	話す速度に、パソコンを打つスピードがついていけず焦った。	社内用語がわからなくて不安になった。
教訓 ・よかった点と問題点 〔どのようなことに気づいたのか〕 ・つぎにつなげる点 〔気づいた内容を、どのようにつぎにつなげるのか〕	パソコンのスキルをもっと上げないといけない。	わからなかった内容について、先輩に確認する。
指導担当者からのコメント	・パソコンは慣れもあります。まず手書きメモをとって、後で整理するという方法もありますね。 ・議事録では、決定事項を正確に書くことが大事。	私も最初は社内用語がわからなくて苦労しました。その場で質問してもよいです。わからないままにしないで、どんどん聞いてくださいね。

第2章 学習のポイント

01 ▶ 準備に必要なこと

1. 新人を指導する準備として、仕事の基本を押さえておく必要があります。新人に教えるべき仕事の基本は、①ビジネスパーソンとしての心がまえ、②ビジネスマナー、ルールをはじめとする基本行動、③基本的な仕事の内容の３つが柱となります。
2. 新人の教育は、成長の到達目標を設定し、計画的に行う必要があります。そのためには、「育成準備表」で、何をすればよいか、どのように取り組んでいけばよいかをおおまかに整理してから、「育成計画表」に落とし込むのが有効です。

02 ▶ 「教え方」の基本ステップ

1. 新人を指導する基本ステップは、「①やってみせる」「②やらせる」「③コメントする」の３つです。
2. やらせっぱなしにするのではなく、必ずコメント（フィードバック）を行い、よいことは繰り返させ、悪い点は改善させることが大切です。

03 ▶ 仕事の流れに沿った指導

1. 新人の指導は、そのやる気にも十分配慮する必要があります。特に朝・夕は、区切り効果が期待できるよう、あいさつプラスアルファの言葉をかけることによって、１日１日を積み重ね、確実に成長を促していくことが求められます。
2. 新人の教育についても、仕事の基本であるP-D-C-A サイクルを回して、教育の質を高めていくことが重要となります。
3. 新人にもP-D-C-A サイクルの重要性をしっかり理解させ、今やっている仕事をつぎの仕事や課題の改善に役立たせることが求められます。

第3章

教え方の基本スキルを知る

新人指導は、基本的に新人との「対話」が中心となります。
ですから、対面コミュニケーションスキルそのものが、
教え方の基本スキルといえます。
この章では、コミュニケーションスキルを、
「話す」「聴く」「フィードバックする」の
３つに整理して解説します。

CONTENTS

01 話し方のスキル

▼伝わらないのは伝え方の問題

新人を指導する場合に限らず、対面コミュニケーションで、**「伝えたいことを伝える」手段の中心になるのが〝話す〟**です。「自分は話すのが下手だから、教えるのが下手だ」と落ち込む必要はありません。話し方や使う言葉に少し注意するだけで、おおいに違ってくるものだからです。

話し手と聞き手の間には、いくつかのフィルターがあります。たとえば、知識や経験、立場の違い、相互の信頼の度合い、好き嫌いの感情などがそうです。よい話し手は、相手との間にあるフィルターを的確に把握して、相手に理解できるように話ができる人です。

たとえば、「まず、相見積りを取るように」と指示しても、「相見積りって何だろう」と新人の思考がそこでストップしてしまったら、その後のあなたの話が頭に入ってこないでしょう。

ビジネスでは、正確に伝えることがもっとも大切です。新人を指導する際は、つぎのことに留意してください。

留意点①使う言葉を選ぶ

専門用語や職場用語は、相手に合わせて翻訳する必要があります。教える側が「知っていて当然」という態度で使ってしまうと、教わる側はその用語の意味について質問しづらいものです。

留意点②正確な表現を心がける

たとえば、「もう少し早く」のような表現は、受け止め方が人それぞれで、軽く受け流す人もいれば、必要以上に深刻に考える人もいます。このようなあいまいな表現で指示を出されたのでは、新人も求められた動きをとりづらくなってしまいます。何を求めているかを正確に表現するように心がけましょう。

正確な表現を行うコツは、実例を引用したり、データを示したりして、**より具体的に表現すること**です。コストや時間、仕事量などの目標を与える場合も、数値化して示すのが基本です。

留意点③話す限界を認識する

微妙な動きや複雑な内容を言葉だけで伝えるには限界があります。話して伝えられることには限界があることを認識したうえで、「どうすれば、もっとよくわかってもらえるだろうか」と考えることが大切です。

具体的には、つぎのページの**ノンバーバル・コミュニケーション**や図表、映像など、他の表現手段を効果的に取り入れるとよいでしょう。

留意点④相手の理解を確かめる

「話し方のスキル」ノンバーバル・コミュニケーション

対面で話をするときに、伝えたいことを伝える手段は、言葉だけではありません。

特に、話し手の身ぶり・手ぶり、表情などの身体的な表現のことを、「ノンバーバル・コミュニケーション」といいますが、これらを意識すると、効果的な表現力を磨くことが可能になります。「人は第一印象が8割」という言葉もありますが、身だしなみや服装なども、ノンバーバル・コミュニケーションに含まれ、演出しだいで相手の印象をガラリと変えてしまうこともあります。

ここでは、好印象を与えるノンバーバル・コミュニケーションの基本スキルをご紹介します。

表情

口角（唇の両端）を少し上げるように意識すると、余裕があり、できる印象を与える。

話をするときはほほえむことを心がけると、和やかな雰囲気になり、相手もリラックスできる。

顔の位置

あごを上げて相手を見下ろすと、えらそうな印象を与える。

逆に、あごを引きすぎると、相手を疑っているような印象を与える。

顔を、自然に正面に向けるようにするとよい。

ハンドジェスチャー

話すときに手を動かすと、見ている人は、その動きの変化に興味をもち、飽きずに話に集中する傾向にある。

また、頭をかく、筆記用具で遊ぶなど、無意識のうちに出るクセは、相手の注意を散漫にさせるばかりか、落ち着きのなさを印象づけるので注意する。

呼吸

ため息や荒すぎる呼吸は相手に不快感を与えるので気をつける。呼吸を整えて落ち着くことが大事。

話した内容が正確に相手に理解されているかどうかは、話した内容を何回かに区切って、質問し確認することによってわかります。「ここまで理解できた？」と、イエス・ノーで答えさせるだけではなく、話した内容の要点を簡潔に答えさせましょう。

▼声の出し方と話のスピード

うまく伝えるためには、「話の内容」も大切ですが、「話の仕方」も重要です。小さな声でボソボソ話したり、早口で抑揚のない話し方をしていては、自信も情熱も感じられず、相手の興味や関心を引きつけることはできません。

つぎの留意点に注意して、一人ひとりにはっきり聞き取れる声で、ゆっくりと話すことが大切です。

留意点① 場所と人数に応じてボリュームを調整する

一対一の会話は、お互いの距離が近く、相手だけに向かって話すことができます。しかし、周囲が騒々しかったり、教える場所が広かったり、また、複数の人数を相手にすると

「話し方のスキル」肯定的に表現する

同じ内容でも、話し方によって聞き手の受け取る印象はずいぶん違います。

まず知っておきたいことは、どのようなことでも、肯定的な表現と、否定的な表現の、両方が使えるということです。たとえば、「請求書の数字は、絶対に書き間違えてはいけない」という否定的な表現も、「請求書の数字は、正確に書くことが大切」という肯定的な表現で言い換えることができます。

このように、肯定的な表現と否定的な表現は、裏と表の関係にあるわけです。「○○してはいけない」という禁止表現は、裏からみると、「大切なところはここだ！」ということを示しています。禁止語や否定語などで、相手を責めるような表現、決めつけるような言い方をしそうになったら、その伝えたいことを裏からとらえ直して肯定的な表現にしてみましょう。そうすることで、伝えたい内容の要点を、明確に伝えることができます。

肯定的な表現に言い換えよう！

例）頑固だ → 意思が強い

①融通が利かない →
②仕事が雑 →
③優柔不断 →
④細かいところにこだわる →
⑤仕事が遅い →
⑥がんばりが足りない →
⑦あきらめが早い →
⑧かわいげがない →
⑨お調子者である →
⑩飽きっぽい →

解答例

①いつでも原則を守る
②スピード優先
③配慮ができる
④細かいところまで気を配っている
⑤注意深く慎重に仕事している
⑥無理をしていない
⑦決断が早い
⑧こびを売らない
⑨ムードメーカーである
⑩新しいことにすぐに取り組む

きは、意識的に大きな声を出すように心がけたいものです。ただし、「教えてやる」と意気込んで、あまり大きな声を出すと、相手に威圧感を与えるので注意しましょう。

留意点②語尾をはっきり言う

日本語では、意思を表す言葉が語尾にあります。「英会話ができる」「英会話ができない」など、語尾まで聞かないと言いたいことがわかりません。

聞き手側にも、人の話を最後まで聞く姿勢が求められるのはもちろんですが、話し手側も、相手が正しく聞き取れるよう、語尾をはっきりと言うように意識するとよいでしょう。

留意点③間を取って話す

話すスピードと、理解するスピードは同じではありません。早口で話すと、相手を落ち着かない気分にさせ、一つひとつ理解していくことができなくなります。

一つのことを話したら、つぎの話に移るまで、少し間を取りましょう。うなずいたり、一度目をそらして再びあなたの目を見たりすれば、そこまでの話を理解したサイン。このように、相手が理解する様子を確かめながら、話を進めるようにします。

留意点④強弱のリズムをつける

抑揚をつけず、ダラダラと単調に話をすると、聞き手は集中力を持続させることができません。また、話のなかでどこが重要なのかが、わかりづらくなります。

大事な部分では語調を強めたり、逆に弱めたり間を取ったりして、大切さを強調すると、伝えたいことが伝わりやすくなります。

▼論理的に構成する

ビジネスパーソンが仕事を進めるうえで求められる必須の能力として、「論理的思考力」が挙げられます。話すときも、内容を論理的に組み立てて、重要なポイントを絞り込み、伝えたいことを強調することが大切です。

そのためには、話し手自身が話の内容を論理的に整理できていなければなりません。そのために、つぎの点に留意しましょう。

留意点①話す前に構成する

話をするときは、話す時間の長さにかかわらず、必ず内容の組立てを行います。事前に準備をし、おおよその時間配分を考えます。手短かに話を組み立てるには、序論・本論・結論を決めておきましょう。

序論では、雰囲気づくりとテーマへの導入を行います。

つぎに、具体例を示します。

「今日のミーティングの主旨は、新商品の紹介についてです。今週から、来月お客さまにご紹介する新商品のパンフレットの配布が始まります。Aさんにも、新たにやってもらいたい仕事があります」

本論では、テーマとなる主題・主張や理由・目的について話します。

「やってもらいたい仕事というのは、営業先リストの整理です（主題）。営業先リストの整理がなぜ必要かわかるかな？　そう、営業先をいちいち調べて電話をかけていたのでは

「話し方のスキル」論理的に話す

STEP 1

話の目的・伝えたいテーマを明確にする

例）作業の各段階が終了したら、そのつど報告するように、新人に改善を促す。

STEP 2

話す内容を、項目を立てて整理する

例）

主題	作業の各段階が終了したら、そのつど報告してほしい。
現状・課題	1日の終わりに、こちらから聞いたときに、報告するだけ
理由	作業に誤りがあった場合、できるだけ早く修正することで、後工程への影響を小さくできるから
解決策	自分が忙しそうにしていても、「今、お時間いいですか?」と声をかけるくらいはできるはず。必ずまめに報告させる。

STEP 3

どの順で話せばわかりやすいか、話の構成を考える

例）

序論 ①（話の目的・伝えたいテーマ）報告の仕方について気になった点があることを伝える。

本論 ②【現状・課題】ここ数日、終わりのミーティング以外では報告していないことを確認する。

③【理由】（改善内容や状況の想定）もしやってもらったことに問題があって、やり直しになったらどうしたらよいかを、その理由とともに考えてもらう。

④【理由】（改善の時期の想定）同じやり直すなら、早い段階に修正したほうがいいということについて、仕事の全工程を見通しながら、その理由とともに考えてもらう。

⑤【主題】だから、作業の各段階が終了したら、そのつど報告してほしいという主題を伝える。

結論 ⑥（実現の可能性と意思の確認）上記の改善についてできるかどうかを確認する。

⑦【解決策】指導担当者が忙しそうだから、声をかけにくいという現状があったとしても、「今、お時間いいですか？」と声をかけることで解決できるのではないかを提案する。

⑧（まとめ）今話したことについて、つぎからは守っていこうということを確認する。

効率が悪いし、同じ相手に重複して電話したのでは、迷惑をかけることになるからです（理由）。営業が電話をかける準備のために、リストにまとめてもらいたい（目的）。ここまでは大丈夫？」

このように話の内容を整理して、筋道を立てて話を進めれば、相手も理解しやすくなるわけです。データをリストの元データにするか、リストに整理する項目（会社名、担当者名、電話番号、後で相手の反応を記入する欄など）を何にするのか、といった具合に、具体的な仕事に落とし込んでいきます。

結論では、本論から導く要旨を話して結論としてまとめます。

「やるべき内容について、わからないことはないかな？　では、具体的な作業の段取りについて考えてみてください。わからないことがあったら、いつでも声をかけて質問するように」

留意点②ポイントを絞る

大事なことだからと、くどくど話しても、伝達する事柄が増えるほど、聞き手にとって情報の価値は下がります。あれもこれもとポイントを盛り込むと、新人は消化不良を起こして理解できない原因となりかねません。

最低限、「これだけは覚えておいて」と思うポイントをあらかじめ絞り込んでおきましょう。そして、そのポイントが、論理的につながるように構成してください。新人指導では、あくまでも重点主義に徹しましょう。

ポイントの数は、3つまでに絞るのが基本です。また、話をする際は、「ポイントは3つです」と示してから、「1つめのポイントは……」「2つめのポイントは……」と、1つずつポイントを示していくとわかりやすいでしょう。

留意点③適切な事例紹介を心がける

どんなに大切なことでも、経験したことのない新人には、具体的にどういうことなのか理解できないことが少なくありません。

たとえば、「報告は大切なので、必ず行うように」と言われても、新人にはどう大切なのかがわからないものです。こんなとき、事例を挙げて、具体的な話にすれば、新人も理解しやすくなります。

たとえば、報告に関する例として、「私が新人のとき、お客さまとの商談がうまくまとまり、そのまま一緒に飲みに行ったんだ。移動の途中で、電話を入れればよかったんだが、お客さまと話をするほうが大切だから後でいいだろうと、ついそのままにしてしまった。ところが、課長は遅くまで私の報告を待っていたらしい。『お前一人で仕事をしているんじゃないんだ』と、報告を入れなかったことをひどく叱られた」といった失敗談・成功談を交えて話をすると、新人の理解も深まるというものです。

1 人に「教える」
2 基本ステップ
3 基本スキル
4 実践スキル

CHECK

「話し方のスキル」チェック

日ごろの生活を振り返って、自分に「話し方のスキル」がどの程度、身についているかを確認してみましょう。

- □ ①専門用語など、相手に合わせて使う言葉を選んでいる。
- □ ②数字などのデータを用いて正確な表現を心がけている。
- □ ③話に、具体例やたとえをよく用いるほうだ。
- □ ④手ぶりや身ぶりを意識して行っている。
- □ ⑤一気に話を進めず、何回か間を取って話をしている。
- □ ⑥話すときは、状況に応じて、声の大きさを意識している。
- □ ⑦語尾をはっきり言うよう、意識している。
- □ ⑧単調にならないよう、強弱のメリハリを意識している。
- □ ⑨肯定的な話し方を意識している。
- □ ⑩論理的で話がわかりやすいと言われることが多い。
- □ ⑪いきなり話すのではなく、話す順番を考えている。
- □ ⑫最低限、これだけは伝えたいというポイントを明確にしている。

チェックの数が、どれに当てはまるかを確認しましょう。

10個以上 相当な話し上手です。新人もあなたの話を納得して聞き入れてくれるはず。

5〜9個 ビジネスパーソンとして、よく話すことができています。さらに話すテクニックを磨いていきましょう。

4個以下 新人に、伝えたいことが伝わらない可能性大。テキストに書かれた話す際の留意点を1つずつ取り入れ、レベルアップを図っていきましょう。

02

聴き方のスキル

▼「聴く」は2つの意味をもつ

一方的に何かを教えるより、質問を投げかけ、相手の気づきをうまく利用しながら教えていくと、埋解がスムーズになるばかりでなく、教えられたほうもやる気が出るものです。

こうした教え方の手法を、**「コーチング」**といいますが、コーチングの手法は、今日、ビジネスの幅広い場面で取り入れられています。

この手法で、特に重要となるのが**「聴く」**です。話すことが情報提供のスキルだとすれば、聴くことは情報収集のスキルであり、相手を認め、受け入れるという重要な働きかけの手段です。

相手の知識はどれほどか、やる気はどうか、期待される答えはどのようなものかなどを知り、相手に合った最適なアプローチをするには、「聴く」姿勢がとても重要になるのです。

「聴く」姿勢には、2つの意味があります。

1つは、**相手の真意を理解しようとして、話に耳を傾けるという意味**です。自然に聞こえてくる〝聞く（hear）〟と区別し、理解しようとして〝聴く（listen）〟ことをいいます。

もう1つは、**より積極的に相手を知るために尋ねる、質問するという意味**での〝聴く（ask）〟をいいます。

つまり、聴く技術には、**「傾聴」と「質問」**という2種類のスキルがあることになります。

これらを区別して意識的に使うことで、みなさんは新人の情報を収集し、相手の立場・状況を認めて指導することができるようになります。

▼相手の真意をつかむ――「傾聴」

言葉は真実を伝えているとは限りません。たとえば、新人に仕事を説明し、理解を確認したときに、「はい」という返事が返ってきたとします。「はい」と言われれば、「承知しました」ということなのだと受け止めるでしょう。

ところが、目を見てはっきりと答える「はい」と、浮かない顔で語尾が下がるような小声での「はい」では、同じ返事であっても異なります。後者の場合は必ずしも納得したうえでの了解を伝えているとはいえません。

新人の表情や口調、しぐさなどに注意して、どのような気持ちであるかを読み取ることも必要です。言葉で「何を」言ったということよりも、「どのように」言ったかを重視することが、相手の気持ちを知るうえで重要なのです。

実際に、「さっき、はいと答えたばかりだろう！」などと語気を荒げる人を見かけることがあります。相手の気持ちを察知できる人なら、「何か気になることがあるの？」と、相手の状況に配慮する言葉が出てくるものです。後者の言動のほうが、相手の心を開き、

「聴き方のスキル」うなずき・あいづち

うなずき・あいづちは、聴く姿勢を相手に伝える効果的なノンバーバル・コミュニケーションです。聴くスキルの１つとして、ポイントを押さえておきましょう。

うなずき

うなずきは、相手の話がきちんと自分に伝わっていることを表すサインです。

大切なのはそのタイミング。人の話を聴くときには、相手の話している内容に「。」（句点）や「、」（読点）が入る瞬間に、「コックリ」とゆっくりうなずきます。

短く速くうなずくと、適当に聞き流しているような印象をもたれ、不信感につながる場合があるので注意しましょう。

あいづち

「うん」「ああ」「そうだね」などとあいづちを打つときも、うなずきと同じく、相手の話している内容に「。」や「、」が入る瞬間に行います。

あいづちを打つときは、同時にうなずくのが基本。うなずくことなく、口先だけであいづちを打つと、適当に話を流して聞いている印象を与えてしまいます。

あいづちを打つときの言葉も重要。「うん」ばかりを続けるのではなく、「なるほど」「そうだね」などと、話の内容に沿って何種類かの言葉を織り交ぜるようにすると、きちんと話を聴いていると相手も感じます。

また、目上の人には、「はい」「そうですね」とていねいに受けますが、相手が新人の場合、あまりていねいな言葉であいづちを打つと、よそよそしい印象を与えることもあります。新人との距離感に注意しましょう。

信頼関係を構築することにもつながるでしょう。

コーチングは、教える側が上の立場に立って一方的に教えるのではなく、人として、対等に向き合うものです。だからこそ、「聴く」ことが特に重要になるのです。傾聴のスキルを身につけるかどうかで、新人の理解度も大きく変わってくるのは明らかです。

傾聴のスキルを磨くためには、基本的な態度と動作の2つの側面をチェックすることが大切です。態度と動作を意識し、実際にやってみることで、自然に磨かれていきます。

①傾聴するときの3つの態度

相手の真意をつかむには、事前の心がまえが大切です。単なるテクニックではなく、相手に対するつぎの3つの態度がもっとも大事です。

- **相手に共感的態度を示す**
- **独断・先入観を捨てる**
- **今、この場だけを見る**

②傾聴するときの3つの動作

1 人に「教える」
2 基本ステップ
3 基本スキル
4 実践スキル

「聴き方のスキル」傾聴：相手の言葉を繰り返す

まず、つぎの2つの会話を比較してみましょう。

会話その1

新人「いつも残業ばかりで、自分のキャリアをじっくり考える時間がないんです」
先輩「そうかな。俺たちのころのほうがもっと大変だったよ」
新人「そうですか。でも、じっくり考える時間をつくるために、残業を減らしたいのですが」
先輩「今の状況じゃ、残業減らせないでしょ」

会話その2

新人「いつも残業ばかりで、自分のキャリアをじっくり考える時間がないんです」
先輩「そうか、残業ばかりなんだね」
新人「そうなんです。じっくり考えたりする時間をつくりたいんですが、残業を減らす方法はないでしょうか」
先輩「なるほど。じっくり考えたりする時間をつくるために、残業を減らす方法を知りたいんだね」

解説

この2つの会話では、新人が話している内容に対して、先輩が解決を示していないという点において違いはありません。にもかかわらず、【会話その1】は真面目に考えてくれている印象を与えず、【会話その2】は親身になって相談に乗っている印象になるのはなぜでしょう。

その2の会話は、新人の言ったことを繰り返している（リピート）のが大きな特徴です。実は、繰り返すこと自体が、相手の言ったことをきちんと受け止めていることを相手に伝えているのです。

真剣に相談に乗ろうとしても、適切なアドバイスがすぐに思い浮かばないことは少なくないでしょう。そんなときこそ、相手の話を繰り返し、まず受け止めることが大事です。相手に安心感を与えられるのに加え、繰り返すことで自分自身にも考える時間ができるからです。

いかに真剣に相手の話を聴いているかをつぎの3つの動作で示すと、相手との心の垣根を取り除くことができます。最初はぎこちなさを感じるものですが、打ち解けるにつれて、無意識にできるようになります。

●相手の表情や身体の動きを見る

●うなずきやあいづちなど、相手の話にリアクションをする

●ときどき質問して、話をきちんと聴いていることを示す

▼積極的に相手を知る——「質問」

指導の場面では、「質問」をうまく使うことで、新人の理解度を的確に把握することができます。

質問は、単にわからないことを聞くためだけの手段ではありません。テーマに興味をもたせたり、自分で考えさせたり、相手の状態を知るなどの目的もあります。話し方や傾聴のスキルとあわせて活用することが大切です。

質問の目的に応じて、発問のパターンにもさまざまなものがあります。ワンパターンにならないよう、場面や相手の理解度に応じて質問の仕方を変えていくとよいでしょう。
以下、質問する際の留意点をまとめておきます。

留意点①相手が答えられる質問をする

正しく答えられるかどうかは別にして、相手が経験している範囲で答えられる質問に限ることが大事です。新人ですから、答えられないことで、人によっては自信をなくすこともあります。特に、集団のなかで質問をするときには経験をしている内容を確認しながら質問するように注意しましょう。

たとえば、「電話応対の基本的な受け答えについては、入社時の研修でやってみましたね（確認）。実際に職場ではどのくらい電話応対をしてみましたか？」

留意点②明快な表現にする

意味のつかみにくい質問は避けます。

たとえば、「今の仕事はどう？」という質問をされても、「やりがいを感じているかどうか」を聞いているのか、「困っていることはないか」を聞いているのか、相手は困ってしまいます。何を聞こうとしているのか、相手がわかる質問を心がけるようにしましょう。

留意点③質問のレベルを考える

やさしすぎる質問は、その裏に別の意図があるのではないかと、警戒心をもたれることがあります。逆に、難しすぎる質問は、相手との心理的距離をつくることになり、興味をなくしてしまうおそれがあります。相手の理解度の確認のために、質問として、やさしいか難しいかを聞いてみることも必要でしょう。

留意点④「どう思う?」は濫用しない

「どう思う?」という質問は、そのときどきの新人の気持ちや意思を確認するために有効ですが、一方で、答えがばらつきやすい質問でもあります。

相手が本題に集中していないときは、答えが主旨からはずれる危険もありますから、濫用しないように注意しましょう。

留意点⑤質問は1回に1つの内容

「聴き方のスキル」質問：目的別

目的に応じた質問について、例を挙げておきます。

目的	質問例
相手の関心を高める	「あなたが、入社からこれまで経験してきた仕事のなかで、これはもっといい方法があるんじゃないかと思うのはどんな仕事？」
相手の考えを深める	「この仕事の進め方を改善するときに、提案してくれている方法以外に、どんな方法が考えられると思う？」
相手の意欲を高める	「どうやったら、そんな風に早く覚えられたのかな？ほかの人にも教えてあげたいと思うんだけど」
指導内容の振り返りを行う	「この３ヵ月のなかで、できたこと、できなかったこと、これからやってみたいことについて整理してみたいと思うんだけど、特にこの点について振り返っておきたいという内容はあるかな？」

質問をするときは、1回の質問に1つの内容というのが原則です。答を待ってからつぎの質問に進みましょう。

あれもこれもと質問を浴びせても、質問された側は何を答えればよいのかわからなくなり、頭を混乱させるだけになってしまいます。

留意点⑥イエス・ノーで終わらない

「イエス・ノー」の選択式の質問は、相手にとってもっとも答えやすい質問です。たとえば、「この作業が、なぜ大切だと思う?」のような質問だと難しくて答えられない場合もあるので、まず「イエス・ノー」で答えられる質問をすることも大切です。

ただし、「イエス・ノー」だけでは考えが深まりませんし、質問自体の意義も薄れてしまいます。相手に考える習慣をつけさせるためには、「どうして、イエスなの?」といった答えの理由を続けて質問することが大切です。

「聴き方のスキル」質問：パターン別

パターン別の質問の仕方について、例を挙げておきます。

パターン	質問例
暗示する	「ここは一旦、保留にしたほうがいいでしょうか、それともこのまま進めますか？」
事実を確認する	「ここの修正には、何時間くらい時間がかかりそうですか？」
複数の意義を確認する	「うちの課にとって、このプロジェクトを進めることによる効果はどんなことがあると思いますか？」
意思を確認する	「この改善にはあと数週間かかりますが、進められそうですか？」
YES／NOを確認する	「B社との取引はありますか？」
5W2Hを確認する	Who：「この業務の担当は誰ですか？」 What：「どんな内容の仕事を行ってますか？」 When：「いつから、スタートしますか？」 Where：「作業のために使う会議室はどこですか？」 Why：「なぜこの改善を行うのですか？」 How：「どのように行いますか？」 How much：「見積りはどのくらいかかりますか？」
相手に聞き返す	相手の質問を、そのまま質問した人に聞き返す相手（Cさん）「●●は、どんな意味で使いますか？」あなた「Cさんはどんな意味で使ってる？」

CHECK

「聴き方のスキル」チェック

日ごろの生活を振り返って、自分に「聴き方のスキル」がどの程度、身についているかを確認してみましょう。

- □ ①相手の話を、言葉じりだけとらえず、真意をつかむようにしている。
- □ ②あいづちやうなずきを入れて、話を聴いている。
- □ ③「はい」だけでなく、あいづちの言葉をいろいろ使ってメリハリをつけている。
- □ ④話を聴く前に、思い込みや憶測を捨てるようにしている。
- □ ⑤相手の話を途中でさえぎらず、タイミングをみて話をしている。
- □ ⑥相手の言葉をリピートすることが多い。
- □ ⑦話を聴くとき、相手の表情やしぐさを見るようにしている。
- □ ⑧話をするとき、「問いかけ（質問）」をよくする。
- □ ⑨質問をして、相手が答えられないことはあまり多くない。
- □ ⑩２つ、３つの質問を一度に投げかけることはしない。
- □ ⑪相手が話しやすいよう、好意的な態度を心がけている。
- □ ⑫質問に対する答えが意図した内容でなくても、一旦受け入れるようにしている。

チェックの数が、どれに当てはまるかを確認しましょう。

10個以上 とても聴き上手です。新人もよき相談相手として、あなたを信頼してくれるはず。

4〜9個 ビジネスパーソンとして、よく聴くことができています。さらに聴くテクニックを磨きましょう。

3個以下 新人に、「この先輩には、話を聴いてもらえない」と思われてもしかたがありません。傾聴と質問のスキルについて、レベルアップを図っていきましょう。

03 フィードバックのスキル

▼フィードバックの基本は〝ほめる〟と〝叱る〟

教えるための3つのステップである「やってみせて」「やらせて」「コメントする」のなかの**「コメントする」**が、フィードバックです。

フィードバックは、新人が、学んだことをつぎの仕事に生かしていくうえで欠かせないプロセスです。

その基本は、**〝ほめる〟と〝叱る〟**です。よければそれを繰り返し、悪ければ改善することが必要です。コメントしようとする内容について評価を明確にしたうえで、よかった場合は〝ほめる〟、悪かった場合は〝叱る〟という心理的な刺激を相手に与えてフィードバックの効果を高めます。

人はほめられた行動を繰り返し行う

人を育てるには、「ほめるのが一番」だといわれます。

誰でもほめられれば気持ちがよいものです。ほめられれば、ほめられた行動を繰り返し行うようになりますし、やる気が出ることで、それ以外のことにもよい影響を与えます。

ところが、よくある例として、新人に仕事を指示して、8割方うまくできた場合に、できなかった2割についてのみフィードバックを行うことが少なくありません。できなかったことをきちんと指摘し、改善を求めるのは大切なことですが、8割できたという事実は、十分、ほめるに値することです。

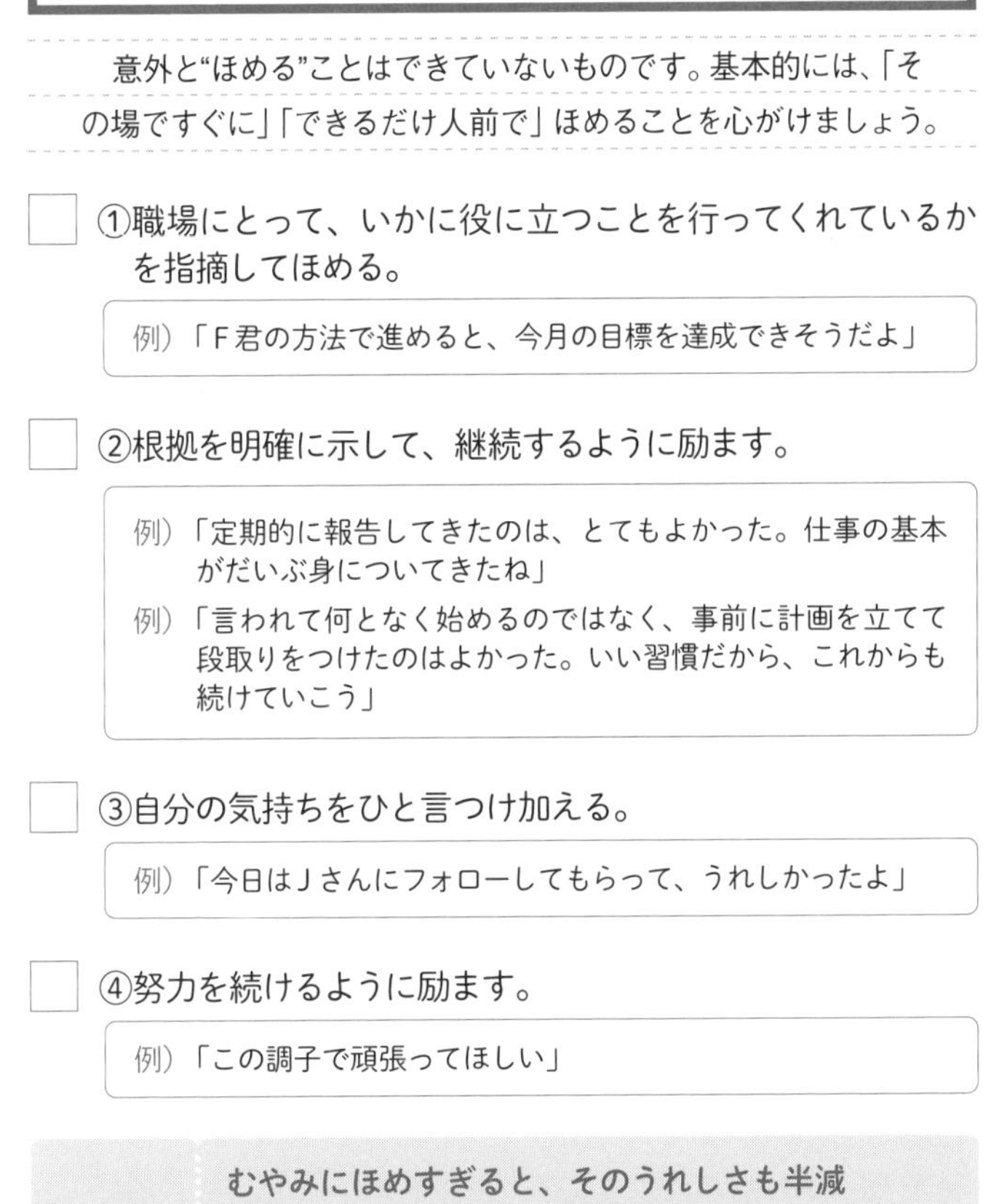

CHECK

「ほめ方」チェック

意外と“ほめる”ことはできていないものです。基本的には、「その場ですぐに」「できるだけ人前で」ほめることを心がけましょう。

- [ ] ①職場にとって、いかに役に立つことを行ってくれているかを指摘してほめる。

例）「F君の方法で進めると、今月の目標を達成できそうだよ」

- [ ] ②根拠を明確に示して、継続するように励ます。

例）「定期的に報告してきたのは、とてもよかった。仕事の基本がだいぶ身についてきたね」

例）「言われて何となく始めるのではなく、事前に計画を立てて段取りをつけたのはよかった。いい習慣だから、これからも続けていこう」

- [ ] ③自分の気持ちをひと言つけ加える。

例）「今日はJさんにフォローしてもらって、うれしかったよ」

- [ ] ④努力を続けるように励ます。

例）「この調子で頑張ってほしい」

プラスα アドバイス

むやみにほめすぎると、そのうれしさも半減

新人から調子がいいだけの先輩と思われないように、つぎのようにほめるべき点を明確にしましょう。

- 何（What）をほめているのか
- なぜ（Why）よかったのか

〝叱る〟と〝怒る〟は区別する

「ほめて育てる」は育成の基本ですが、叱るべきときにきちんと叱ることも大事です。新人を叱るのは、指導担当者の役割といってもよいでしょう。「叱る」ことは、人間関係に一種の緊張を生み出しますが、勇気をもって叱ることは信頼関係にもつながるものです。

注意したいのは**〝叱る〟と〝怒る〟**の区別です。怒るは、「いらだちや怒りといった感情を、一方的に相手にぶつけること」です。一方、叱るは、「あくまでも相手のことを考えて、その成長のために行う行為」です。相手を大切に思う気持ちを真剣に伝える行為といってもよいでしょう。

つぎに挙げたのは、**叱るときの禁句**として代表的なものです。どれほど腹にすえかねることがあったとしても、口にしてはいけない言葉です。

NG 叱るときの禁句

×人格を否定する

\ CHECK /

「叱り方」チェック

冷静に叱るためには、「何が間違っているのか」「どこが悪いのか」を明確にすることを心がけましょう。

☐ ①しつこく何度も同じことを繰り返さず、手短かに伝える。

☐ ②「この機会だから」と、ついでに過去のできごとをもち出さない。

☐ ③基本的には別室で叱る。

もし人前で叱った場合は、必ず後でフォローする。ただし、ルール違反は、その場で注意。

☐ ④自分の期待を伝えてから注意する。

例）「Dさんには、ぜひおぼえてほしいスキルがあるんだけど、そのためには〜の点を直してほしい」

☐ ⑤自分自身の反省点も踏まえる。

例）「この点については私も説明不足だったと思う。もしわかりにくかったら、すぐに確認してほしい」

プラスα アドバイス

具体的な行動について叱る

●性格や人格、容貌や体型をもち出して叱ると、人としての尊厳を否定された気持ちになり、感情的なしこりが残ります。

●教えていないことで失敗したときは、「これからはこうするんだよ」と教えます。
「これは常識だからできて当然」というコメントは、もっとも反発されます。逆に、しっかり教えたことで守られていないことは、厳しく叱ってもよいでしょう。

「どうしてそんなにおぼえが悪いんだ」「この程度のこともできないのか、情けないな」「本当にいい加減な人だね。だからダメなんだよ」

×人と比較する

「Aさんならこんな失敗はしないよ」「君の同期のBさんとは大違いだ」「私なら、新人のころでもこれくらいはできたもんだけどね」

×威圧的な態度をとる

「辞めてもらってもいいんだよ」「先輩に対してその態度はなんだ」「こんなことをされては、指導担当の私の責任になるだろう！」

CHECK

「フィードバック力」チェック

日ごろの生活を振り返って、あなたのフィードバックする力を確認してみましょう。

- □ ①完了したことに対して、振り返りを行う習慣が身についている。
- □ ②出来が悪くても、まずは「ほめる」ことを心がけている。
- □ ③ほめるときは、その理由・根拠をきちんと示している。
- □ ④「叱る」と「怒る」の違いを理解している。
- □ ⑤叱るべきときには、強い姿勢で叱り、メリハリをつけている。
- □ ⑥フィードバックした各項目について、「よい・悪い」の評価を必ずしている。
- □ ⑦問題点は、具体的に指摘するようにしている。
- □ ⑧フィードバックした内容について、相手が納得しているかを確認している。
- □ ⑨指摘した問題点について、「自分としてはどう？」と確認している。
- □ ⑩気づいた問題点は、その場で指摘するようにしている。
- □ ⑪問題の指摘は、「だから、こうしよう」ということまで必ず触れている。
- □ ⑫一方的に伝えるのではなく、相手に考えさせるようにしている。

チェックの数が、どれに当てはまるかを確認しましょう。

10個以上 指導担当者として理想的な姿勢。効果的なフィードバックで、後の仕事にも必ず生かされることでしょう。

7〜9個 ビジネスパーソンとして、よくフィードバックできています。現段階では合格点ですが、さらにフィードバックする力を高めていきましょう。

6個以下 このままでは、問題点の改善が、今後に十分に生かされません。フィードバックはビジネスパーソンにとって必須のスキルなので、今までの自分を振り返り、しっかり身につけていきましょう。

コラム 4

新人の存在「明・元・素」をほめる

会社は仕事をする場であり、ビジネスパーソンは仕事をつうじて自分の存在感を示すものです。しかし、配属後間もない新人には、自分の存在感を示すことができるほどの仕事を担当する機会も能力もありません。

ただし、会社はこの時期の新人に、いきなり仕事上の成果を求めているわけではありません。将来、組織に貢献する人材になってほしいという潜在能力、これからの可能性に期待しているのです。存在そのものに期待しているこの時期、その「存在をほめる」ことには大きな意味があるといえます。

たとえば、新人の存在をほめるポイントに、「明・元・素」があります。

これは、明るく、元気で、素直であること。「明るく、元気だから、おかげで職場に活気が出てきたよ」「アドバイスを素直に受け入れられるのはいいよね。とても大事だよ」などといった形でほめることができます。

また、「今の自分でも、みんなの役に立てることは何か？」と新人なりに考え、工夫して仕事に取り組んだことは、必ず見つけてほめましょう。ほめられることで、新人は、さらに工夫をしようと考えるようになるので、成長スピードが加速していきます。

しかし、指導担当者から見ると、まだまだ仕事能力が未熟な新人は、叱るべきポイントばかりが目につくもの。「ほめたくてもほめるところはない」などと思わず、小さなことでもほめられるところを探しましょう。ほめられるところが１つもない新人など、１人としていません。「ほめるべきをほめ、叱るべきを叱る」がフィードバックの基本です。

第3章 学習のポイント

01 ▶ 話し方のスキル

1. 話し方の上手・下手は、教え方の上手・下手に大きく影響します。新人があなたの話を理解できない場合は、新人の理解力のせいにする前に、自分の伝え方に問題がないか、どうすれば理解してもらえるかを考えることが大切です。
2. 伝えたいことを効果的に伝えるには、「使う言葉を選ぶ」「正確な表現を心がける」「話す限界を認識する」「相手の理解を確かめる」ことや、「ノンバーバル・コミュニケーションの活用」「話の仕方の工夫」が必要です

02 ▶ 聴き方のスキル

1. 教えたいことを一方的に伝えようとするのではなく、相手の考えや真意を「聴く」ことも重要です。新人の話を聴く姿勢を示して、「傾聴」すると同時に、「質問」を投げかけてより積極的に相手を知るようにします。
2. 「聴く」の1つである質問には、いくつかの目的・パターンがあります。新人に質問をするときは、「質問の目的」「相手が答えやすく、考えさせることのできる質問パターン」を意識することが重要です。

03 ▶ フィードバックのスキル

1. 「コメント（フィードバック）する」は、「ほめる」と「叱る」の両面から行うと効果的です。「ほめる」ことで、新人のやる気を引き出し、よい点を繰り返し行わせる一方、「叱る」ことで、心理的刺激・緊張感を与えて、悪い点を改善させることが重要です。
2. 人に教える際は「ほめる」ことが大切ですが、一方で改善を促すために「叱る」ことも重要です。よし悪しの基準を明確にしたうえで、叱るべきときには毅然とした態度で臨み、メリハリをつけなくてはなりません。

第4章

教え方の実践スキルを知る

実際に新人指導を進めていくと、さまざまな状況に応じて、
悩みや課題に突き当たることでしょう。
新人の伸び悩みをまのあたりにすると、
自分の「教え方」に自信を失うかもしれません。
この章では、「教える現場」を想定し、多くの人が直面する
悩みや課題を取り上げて、その対処法を学んでいきます。

CONTENTS

01

説得力を高める

▼納得づくで行動してもらうことの重要性

新人指導を始めた担当者の多くが悩むのが、「新人は、教えられたことに、本音では納得していないのではないか」ということです。

しかし、新人の立場では、基本的に、指導担当者の指示することに対して「受け身」です。先輩―後輩という立場もありますから、「それはおかしいのではありませんか？」「おっしゃることに納得できません」と、面と向かって反論してくる新人は少数派でしょう。

もし、こうした反論を受け、新人を説得しきれなかった場合、指導担当者として自信を喪失することがあるかもしれません。しかし、反論はしてこないが、どうも納得してやっていないようだ、というケースよりも、むしろ反論してくるくらいのほうが、実は今後の成長が望まれるのです。

指導担当者であるあなたの言うことを新人に納得させるには、共通専門能力（31ページ）の1つである説得力を高めることが必要です。そのためには、つぎのような説明を行うと、相手の同意をスムーズに得られるでしょう。

①データや事例など、論拠を示す。
②論理的に筋道立てて説明する。
③効果的な質問をして相手に考えさせ、自分の考える結論に相手を誘導する。

しかし、仕事観・人生観などといった一人ひとりの考えが尊重されることについては、無理に説得を試みる必要はありません。

大切なことは、新人と指導担当者であるあなたの間に、**コンセンサス**ができていることです。コンセンサスとは、**複数の人が相違する意見や考え方をもっていた場合、それをお互いが納得したうえで、1つの意思としてまとめあげること（＝合意形成）**です。

特に、少し仕事に慣れてきた新人に、さらなるステップアップを期待して、視点を変えた取り組みを望んでも、新人の心のなかには「これまでの方法を変えたくない」という防衛心理が働きます。現状以上に負担を伴う新たな課題設定は、新人に歓迎されないことが多いものです。新人が、こうしたネガティブな心理状態にあるときは、高い学習効果を期待することはできません。

そこで、そのような状況にあるときには、一方的に説得しようとするのではなく、コンセンサスを得ることが重要になってきます。

コンセンサスを得るには、お互いが思っていることをぶつけ合うつもりで話し合うことです。相違点を真剣に検討することによって、お互いが心から納得し、満足できる答えを探したりつくり出したりすることが大切なのです。そういうプロセスを経ることで、当初、新人に対して求めていたことと違う結果を、指導担当者自身も受け入れることが求められます。

意見に同意してもらう

指導担当者の言うことに新人が反論してこない場合でも、新人が納得しているとは限りません。コンセンサスを得るには、自分の意見をさまざまな視点から話し、新人から「納得できた」という意思表示を取りつける必要があります。そのためのポイントを挙げましょう。

その1　自分の意見の理由を十分に伝える
「なぜ必要かというと～」「こうする理由は～」

その2　新人の間違いや矛盾に気づかせる
「さっきはコストを下げるべきだと言っていたが、今の話では逆にコストが上がってしまうのではないか？」

その3　過去の実績例などを示す
「この方法を10年前に取り入れてから、売上は２桁成長を続けている」
「これをやるようになって、クレームの数が半減した」

その4　メリットとデメリットを明確にする
「この方法でやれば、１日の訪問件数が確実に増える」

その5　優先順位をつける
「お客さまからの信用を失わないことがもっとも重要。クレームが出てからでは遅いので、緊急度の高い仕事をまず行う必要がある」

その6　比喩を使う
「時間がないからといって、このままの方法を続けるのは、さびて切れない斧で木を切り続けるようなもの」

プラスα アドバイス

徹底的に意見を出し合う

相手の同意を得ようと急いでしまっては、決してうまくいきません。とにかく徹底的に意見を出し合うことから始めます。

お互いの意見の食い違いは、目的のために一緒に協力しようという協働意識によって解決を図ることが望ましいのです。その際に、先輩だから一歩も譲らないというのではなく、新人の意見も積極的に取り入れると、スムーズに運ぶことが多いでしょう。

▼コンセンサスをつくるパターン

コンセンサスには、次ページの表のようにいくつかのパターンがあります。相手の意見に対する説得力の度合いと自分の意見に対する自信の度合いによって、コンセンサスのつくり方が違ってきます。

もっとも望ましいのは、あなたが自分の意見に自信があり、一方で、新人の意見にも説得力がある場合です。このような場合、新人との見解の相違にイライラするかもしれませんが、より高次元の意見交換が期待できます。

本来、コンセンサスのねらいは、「互いが自分の意見を出し合って議論することにより、用意した答えではなく、それよりも優れた新しい答えをつくる」ことにあります。しかし、それには**お互いの問題意識が高いことが条件**となります。

お互いが納得できる結論は、みなさんの側から提示しなければならないということはありません。たとえば、「○○さんの言うこともよくわかるけど、私が求めていることもわかってもらえる？　では、私の求めている方法以外に、どんな方法があるか、君はどうす

コンセンサスのつくり方のパターン

パターン別の質問の仕方について、例を挙げておきます。

自分の意見		相手の意見：説得力あり	相手の意見：説得力なし
自分の意見	自信あり	自分の意見に同意させる方向で、相手を納得させる	お互いの意見を発展させて、新しい考え方をつくる お互いの接点を探し出す
自分の意見	自信なし	お互いの意見を見直して、問題点はないか、もう一度検討する	相手の意見に同意できるかどうかを検討する

ればいいと思う?」などと、**相手からの逆提案を引き出す**のも1つの方法です。相手の気づきや考えを引き出し、自発的な行動を生み出すことにつながるので、その後の成長を期待できます。

CHECK

コンセンサスの大切さを考えてみよう！

コンセンサスは、新人が教わったことを受け入れるうえで、非常に重要なものです。コンセンサスが得られなければどうなるか、指導担当者として考えてみましょう。

Q1 新人の同意を得るためには、どんな説明が必要？

参考 ▶ 納得づくで行動してもらうことの重要性［p.128］

Q2 これまでとは視点を変えた取組みを望んだとき、新人はどんな気持ちになるだろう？

参考 ▶ 納得づくで行動してもらうことの重要性［p.128］

Q3 今後、組織の中堅社員としてあなたに求められる役割は？

参考 ▶ コンセンサスをつくるパターン［p.132］

02

指導・育成場面を探す

▼指導・育成の機会は無数にある

指導・育成は、決して特別な場所でのみ行われるわけではありません。むしろ、日常のあらゆる場面で働きかけるチャンスを逃さないことが、みなさんには求められています。もっとも指導しやすい場面は、新人に対して**仕事の指示を与えるとき**です。その際は、仕事の必要性や目的を教えることから始まり、その仕事について、問題点や仕事のしくみなど、全体像を示しながら教えることが大切です。

指導・育成の機会

新人の指導・育成を行う機会として、つぎのような場面が挙げられます。

1	2	3
担当替えを含め、新人に新しい仕事を任せる	仕事のやり方（方針・方法）が変更された	新しい目標や修正目標が決まった
4	**5**	**6**
新人がやる気を出している	新人がミスや失敗をした	新人の態度・行動・言動に、異変が見られた
7	**8**	**9**
能力に比べ、仕事の質・量が高い（低い）	能力より高い仕事に挑戦している	仕事の報告や提案を受ける
10	**11**	**12**
不平・不満を言ってきた	相談をもちかけられた	新人自身の仕事の遂行能力が低下してきた
13	**14**	**15**
始業時・終業時に行う新人との定例ミーティング	新人と気軽に話ができる昼食やアフター5など	一緒に外出するときや、その前後の移動時間

報告を受けるときも育成のチャンスがあります。報告を受けるということは、仕事の途中経過の進捗や完了を意味しますから、報告の内容によってはさまざまな指導・育成が行われます。さらには、新人からの相談も、その内容をしっかり把握して、効果的に指導や育成に結びつけなければなりません。

こうした視点でとらえれば、つぎのページに挙げた場面は、特に重要な指導・育成の機会と考えることができます。これらの機会を、みなさんは効果的に活用できているでしょうか。

たとえば、具体的な業務の指導を行っているとき、仕事への取組み姿勢や生活習慣などについて注意するのが、唐突感があって切り出しづらい、ということがあります。こういう注意はアフター5など、気軽に話ができる場面でしましょう。「以前からちょっと気になっていたんだけど……」と話したほうが、相手も受け入れやすいでしょう。このように、場合に応じて、適切な内容を指導することが大切です。

また、新人に対して修正の指導を行う場合は、早ければ早いほどスムーズにできます。逆にいえば、遅れれば遅れるほど、とれる対策が制限されてしまいます。無数に指導・育成の機会があることを認識して、タイミングをとらえて活用することを心がけましょう。

指導・育成は、新人の課題に着目する

現状、新人が抱えている課題について、的確に把握することは、今後の新人の成長にとっても不可欠です。ここでは、下の表に示すように、4つの視点から指導・育成の場面を探って、対応策を考えてみましょう。

	指導する対象	対応策（例）
知識	・業務知識が不足している ・方針 ・目標が理解されていない ・新しい知識が必要	知識不足の場合は、習得のための勉強の時間を確保する。
態度	・エチケットやマナーに違反している ・意欲の低下が見られる	仕事に取り組むときの基本態度について確認し、**「根本的な指導」**が必要な場合は、上司や先輩にも相談し、対応する。
スキル	・新しいスキルを教える ・同じミスを何度も繰り返す ・仕事の方法を変更した	業務の経験量に比例してミスが起こっている場合は、その原因と改善の方法を確認したうえで、様子をみる。
習慣	・常に確認がなされない状態にある ・常に報告（連絡）が足りない状態にある ・自己管理ができていない	仕事の基本が定着していないと思われる場合は、PDCA のどの部分に問題があるのか、報告・連絡・相談は習慣化しているかを確認し、**「緊急指導」**を行う。

プラスα アドバイス

緊急指導と根本的な指導

当面の「緊急指導」として、たとえば指示を受けるときはメモを必ずとるなど、仕事上、必ず身につけておきたいことを指導し、早急に改善します。一方、今後に向けた「根本的な指導」として、たとえば仕事に対する取り組み姿勢などについて、じっくり指導することが必要です。

ポイント

✓ その場で改善できることと、時間をかけて改善していくことを確認すること。

▼指示をつうじて指導・育成を行う

仕事の指示をするときは、指導を行うもっとも重要な機会です。その際、単に指示内容を伝えるだけではなく、その指示を出す意図や方針など、全体のイメージや、それぞれの業務のつながりを伝えることが大切であることは、すでに述べたとおりです。

指示の段階で確認することは、つぎの5つです。うまく伝わっていないようであれば、再確認しましょう。

①仕事の意図を明確に理解しているか。
②目的をはっきり理解しているか。
③理由を説明できるか。
④仕事の要点をつかんでいるか。
⑤質問に答えられるか。

新人から相談をもちかけられたら

相談をもちかける行動には、さまざまな意味が隠されています。新人がどのような欲求があって指導担当者に相談をもちかけてきたかを知ることで、適切な対応が可能になります。新人が相談をもちかける際に、考えられる欲求は、つぎの4つです。

相談1 「方法を教えてほしい」

「やってみせて、やらせて、コメントする」という教え方の基本ステップに忠実に行います。

相談2 「悩みを聞いてほしい」

指導担当者のほうから話すのではなく、新人の話を“聴く”ことに徹します。他の人に聞かれない場所を選びましょう。

相談3 「こんな提案（アイデア）があるから聞いてほしい」

真剣に聴き、提案のメリット、実行上の問題点などを交えて建設的な姿勢で接します。

相談4 「こんなことをしてほしい（依頼・要望）」

慎重に対応することが大切です。新人自身が自分でできる行動を確認し、無理な要望には毅然とした態度をとりましょう。ただし、「要望は、とりあえず考えておく」といったその場しのぎの表現は慎みましょう。

指示を出して新人が仕事をスタートさせた後、訂正したり取り消したりすることは、原則として慎むべきです。

やむを得ず指示を変更する場合は、「なぜ変更したのか」をしっかり伝えましょう。状況や背景の説明が伴わない指示の変更は、新人との信頼関係を損なうといっても過言ではありません。

逆に、指示を変更する必然性を、新人がきちんと理解できていれば、全体の仕事の状況や背景を教えるチャンスになります。

また、仕事の内容によっては、むしろ積極的に変更すべきものもあります。たとえば、顧客や競合他社の状況の変化に応じて指示内容がそのつど変わったり、飛び込みの仕事が多いために、優先順位が変わるという場合です。特に、営業・販売・サービスといった職種では、指示の変更が十分にあり得るということを、最初に新人に理解させておけば、その後の指導がスムーズになります。

▼報告をつうじて指導・育成を行う

報告を受ける側の指導担当者としては、そのタイミングを指導・育成に生かすために、特に以下のことに留意する必要があります。

留意点①報告のタイミング

完了時、中間時、発生時など、タイミングよく報告しているかどうかを確認します。タイミングをはずしたり遅れたりすることで、つぎのアクションに重大な影響を与えないように、報告の重要性とともに全体の仕事のつながりを交えて教えましょう。

また、明らかに報告が遅い場合、報告しにくい原因が必ずあるはずです。新人に確認しながら改善を促しましょう。

留意点②客観性・正確性

事実と憶測を混同したり、自分の経験や立場だけから主観的な判断を下していないかどうかに注目します。

報告の内容がひとりよがりで視野が狭くなっていると感じたら、別の視点からの見方を示唆し、視野を広げることに気づかせると、さらに成長します。

留意点③報告のレベル

内容が散漫であったり、求められている内容と異なるなど、報告のレベルが期待以下の場合、仕事そのものの考え方を理解していない可能性があります。また売上数字、商談状況など、知りたい内容の報告が不十分であったり正確でない場合は、指示の確認が習慣化されているかどうかをチェックする必要があります。

また、報告の後に、今後どのようにしたらよいか、という改善や積極的な提案をひと言述べる習慣をつけさせることによって、報告の質を向上させることができます。

CHECK

新人を指導する機会を探してみよう

日常の仕事のなかで、具体的な仕事の指示を与えたり、報告を受ける以外に、どんな場面でどのような指導ができるか、137ページの指導・育成の機会に挙げられている場面を参考にして、自分なりに考えてみましょう。さまざまな働きかけのチャンスがあることに気づくでしょう。

(例) 場面 「昼食時など、気軽に話ができるとき」

指導する対象 「態度や習慣についてのフォロー」

- ✓ 職場環境や上下関係への対応をフォローする
- ✓ 仕事や会社への不満、不安や期待などの気持ちを聴く
- ✓ 失敗して落ち込んだ後のフォローをする

03 Q&A　こんなときどうする？

Q1 生活リズムがつかめない新人

新人のA君の問題は、遅刻や始業時間ギリギリの出社が多いこと。始業時間の15分前に、指導担当者のあなたと朝のミーティングを行う約束だったのに、それに間に合わないことがほとんどです。

「こっちは、お前のためにいろいろ考えてやっているのに……」と、思ったように指導が進まないことにいらだちと焦りをおぼえるようになってきたあなた。

ただ、遅れてきたA君は、毎日、非常に反省しているようで、きちんとあなたに謝り、出社してからは必死でばん回しようとしています。話を聴いてみると、「毎日、緊張の連続で疲れきってしまい、朝、起きられない」とのこと。やる気がないわけではなさそうです。

あなたなら、A君に対して、どのような態度で接しますか。

A1 生活リズムを整えてやる

A君のように、遅刻はせず時間には間に合うものの、出社してから眠そうにしていたり、寝ぐせのついた髪や乱れた服装がめだつ場合も、生活リズムの乱れが原因であることが多いものです。

この時期の新人に対しては、早く生活リズムを整えられるよう、指導担当者として支援することが大切です。ただ、アフター5や休日・休暇の過ごし方など、プライベートにまで踏み込むことにもなるため、指導にためらいを感じたり、新人のなかには抵抗感を抱く人もいるでしょう。しかし、きちんとした仕事は、きちんとした生活習慣のうえにこそ成り立ちます。生活リズムが崩れている新人がいれば、注意・指導するのはあなたの当然の役割なのです。

A2 共感をもって指導する

入社してまもない時期の新人の気持ちとしてよく聞くのが、通勤が大変だということ。確かに、朝夕、満員電車に揺られて通勤したり、今までになく早起きをして通勤に備えるのは、肉体的にも精神的にも疲労をおぼえるでしょう。

「これが一生続くのかと思ったら、気持ちがめいってしまった」

「自分1人になって、リラックスできるのは家に帰ったときだけ。夜11時には寝ようと思っているが、家に帰ってひと息つくと、ついつい夜ふかししてしまう」

社会人なのだから、甘い考えは捨てろ、と言いたくなる一方で、こうした新人の気持ちは、あなたも多少なりとも理解できるはずです。「私も新人時代は、なかなか会社勤めの生活になじめず、体もきつくて大変だったから、君の気持ちはわかるよ」と、まずは新人の気持ちを受け入れ、**共感すること**が大切です。

そのうえで、「しかし、とにかく時間だけは守ろうと思って、意識的に早めにめざましをセットして決まった時間に出社するようにしたら、半月くらいで生活リズムができて、つらく感じなくなったんだ」などと、自分の体験を話し、「だから今はつらいだろうけど、慣れれば楽になるから頑張っていこうよ」と、応援する姿勢で指導するように心がけましょう。

A3 慣れるまでは定時に帰す

慣れない環境で過ごす新人は、みなさんよりもストレスがたまるということは理解しておきたいものです。「自分は新人のころ、それほどストレスを感じなかった」という人もいるでしょうが、受け止め方は人それぞれです。非難するのではなく、「ストレスがたまって、かなり疲れもたまってきているはずだ」と、環境に理由を求めてやるようにします。

そうやって、新人の負担はなるべく軽くなるよう配慮します。職場や仕事の基本に慣れるまでは、残業をさせずになるべく定時に帰すようにする、ということを上司とも合意しておきましょう。

特に新人は、先輩や上司が忙しそうにしているなか、先に帰りづらくて、〝つきあい残業〟をしてしまいがち。「今日はもう上がっていいよ。お疲れさま」と声をかけ、仕事終了の指示をきちんとしてやることも大切です。

A4 生活状況にも配慮する

生活リズムを整えさせるため、新人の生活状況に配慮したうえで声をかけるようにしましょう。新人のなかには、初めて一人暮らしをする人もいます。「朝食はとってきた？」「家事はできてる？」「夕食はどうしてるの？」などと声をかけ、たまには帰りがけに夕食に誘うのもよいかもしれません。

Q2 ビジネスマナー・ルールを守れない新人

指導担当者のあなたは、新人のBさんが、朝の出社時、夕方の退社時に、あいさつをしないのが気になっています。

これまでの仕事ぶりを見る限り、Bさんは真面目な性格ですが、引っ込み思案なようで、大きな声であいさつするのが恥ずかしいようです。もしかすると、聞こえない小さな声で、形ばかりのあいさつはしているのかもしれません。

これまで何度か、「あいさつくらいしようよ」と注意したのですが、改まる様子はありません。

あなたなら、Bさんにどう接していくでしょうか。

A1 正論とともに理由を説明する

あいさつやきちんとした言葉づかい、清潔な身だしなみ、約束はきちんと守る、といった、社会人として最低限必要なマナーやルールができていない新人には、「決まりは決まり。とにかく守りなさい」と、正論で臨むのが基本です。これは新人の性格や価値観などにかかわらず、最初にきちんと伝えておくべきことです。

「やりたくないとか、できないという問題ではない。社会人ならやらなくてはいけないことだ」と、毅然とした態度が求められます。

しかし、いくら正論でも、それをストレートに振りかざすだけでは、新人もなかなか受け入れられないでしょう。なぜ、マナーやルールを守る必要があるのか、理由をきちんと説明し、納得させる必要があります。

ビジネスマナーやルールを守る理由には、2つあります。

1つは、**一人前のビジネスパーソンとして認めてもらう**ため。ビジネスの場では、必ずしも相手とじっくりつきあえるわけではありません。仕事相手としてつきあうにふさわしいかどうかを確認するポイント、それが、ビジネスマナーやルールです。なぜなら、それは、一人前のビジネスパーソンなら必ず身につけていなければならないものだからです。みなさん自身、相手がビジネスマナーやルールに反した行動をとれば、「この人と仕事をして大丈夫だろうか」と不安になるのではないでしょうか。

たとえば、「新人はただでさえ経験不足で、仕事を任せて大丈夫だろうかと思われているものだから、ビジネスマナーやルールくらいは守って、安心感を与えるようにしないと」と説明するとよいでしょう。

もう1つは、**ビジネス上、最適な距離を保つ**ため。ビジネス上の関係は、「親しき仲にも礼儀あり」が大原則。相手に必要以上に踏み込まない、代わりに必要以上に踏み込ませない――だからこそ、仕事上で対立したり、厳しい決断や判断をした後でもよい関係を保ち、円滑なコミュニケーションを維持できるのです。

たとえば、「仕事では、ビジネスマナーやルールを守って、一定の距離をとった役割を演じているから、感情的にならず良好な関係を保っていけるんだよ」などと伝えて、その大切さを教えましょう。

A2 ルールと価値観を混同しない

ビジネスマナーとルールの大切さを述べる際に大切なのは、「ルール」と「価値観」を混同しないことです。

たとえば、「朝は当然、10分前には必ず出社するべき」というのは価値観ですが、「始業と同時にすぐ業務を開始するには、早めに出社して準備をすませておく」という合理的な理由があるものは、ルールです。このことからも、ルールをルールとして納得させるために、理由をきちんと示すことが大切だということがわかるはずです。

1 人に「教える」
2 基本ステップ
3 基本スキル
4 実践スキル

A3 練習して体でおぼえさせる

今回のテーマである「あいさつ」には、「職場の雰囲気をよくする」「出社・退社の事実を周囲にハッキリ示す」「特に朝は、その後の業務で声を出す練習でもある」といった理由があります。しかし、引っ込み思案な人、大きな声を出すのが苦手な新人は、頭ではわかっていても実際にやるのが難しい場合もあるでしょう。

そんな場合は、ロールプレイング（69ページ参照）で、実際に練習させるのも1つの方法です。

「朝、来たらどうする？ そう、あいさつだね。では今、練習してみよう」と、新人に「おはようございます」と言わせます。多くの人がいる職場であいさつするよりも、あなた1人にするあいさつのほうが抵抗が少なく、やりやすいからです。声が小さいようなら、「そのボリュームだとよく聞こえないよ」といって、大きな声であいさつできるようになるまで繰り返します。

あいさつすることに抵抗がなくなってくれれば、ふだんでも大きな声でできるようになるはずです。

Q3 言われたことしかしない新人

新人のCさんは、仕事の飲みこみも早く、教えたことはひととおりすぐできるようになります。

しかし、同じ仕事でも、指示されなければ、自分からやろうとはしません。

また、「言われたことを言われたとおりにやれば、もう仕事は終わりだ」と思っているようで、創意工夫をしてもっといい仕事をしようとか、プラスアルファで自発的に仕事をしようという姿勢が見られません。基本的な仕事の姿勢に問題があるように思えてなりません。

あなたなら、Cさんに対してどのように指導していくでしょうか。

A1 仕事の取り組み姿勢を教える

新人のなかには、言われたことを言われたとおりにしかやらなかったり、指示されたことよりも、企画や提案、交渉など、一見、華やかな仕事をしたがる人もいます。また、ルーチンワーク（決まりきった手続きや仕事）を軽視しがちなのも、新人時代の大きな特徴です。

表面上の反応は異なりますが、共通しているのは、「仕事への基本的な取り組み姿勢を理解していない」ということです。さまざまなタイプの新人に対し、いかにしてこの基本姿勢を身につけさせていくかを考えていきましょう。

まず、Cさんのように、言われたことを言われたとおりにしかしない新人。このタイプの新人は、社会人に求められることと学生時代に求められていたことの違いに気づいていないといえます。学生時代は言われたとおりにしていれば、親や教師からそれ以上のことを期待されることはあまりありません。

しかし、社会人になると、言われたことを言われたとおりにしかできない人は、最低限の仕事をしているだけで、高い評価を受けることはできません。**社会や企業では、自ら主体的に考え、行動できる人こそ求められている**ということを、つぎのような関わりのなかで伝えていく必要があります。

①改善を促す問いかけでプラスアルファを求める

「もっといい進め方がないか」「もっとできることはなかったか」と問いかけることで、あなたがプラスアルファの改善を期待していることが伝わります。

②「どんなことにも工夫と改善を」と言い続ける

「コピーをとるときでも、改善できることはないか、もっと効率的にできる方法はないかを必ず考えながら取り組もう」とふだんから言い続けることで、新人にもその考え方が浸透していきます。

③工夫や改善は、必ず気づいてほめる

新人がせっかく工夫や改善を行ったり、進んで雑用などを行ったりした場合は、必ず気づいてほめてやることです。

せっかく自発的に仕事をしたのに、「やってもやらなくても、誰も気づいてくれない。やるだけムダ」などと後ろ向きな方向で考えるようになってしまうと、成長を停滞させてしまうからです。

A2 あれもこれもしたがる新人には

好奇心が強いのはいいことですが、新しいことにつぎつぎと関心がわくあまり、興味が拡散していくタイプの新人もいます。

こうした新人には、「何にでも興味をもつことは大切だけど、1つのことを徹底的にやり抜くことも大切。今やっている仕事がきちんとできるようになってから、つぎのステージでやってもらうことにしよう。焦る必要はない。徹底してやり抜く経験からしか学べないことも多いので、着実に土台を固めていこう」と伝えましょう。

ここで大切なことは、1つの仕事が終わるたびに、「仕事に抜けはなかったか」「もっと仕事の質を高められなかったか」「より、正しく・早く・安く・楽に・美しく・完全に、進められなかったか」を振り返ることです。その仕事についてまだまだ不完全であるという意識がなければ、新人は、「もうそろそろつぎの仕事をやらせてくれていいのではないか」と不満をもつようになるからです。

A3 ルーチンワークを嫌がる新人には

とかくルーチンワークは、毎日、同じことを同じパターンで繰り返すだけの「退屈な仕事」と受け止められがちです。

しかし、同じように見える仕事でも、仕事ができるといわれる人は、ルーチンワークを軽視せず、正確に迅速に処理するための工夫や、自分にも周囲にも間違いを起こさせないための気配りなどを常に行っているものです。

「Xさんは、新人のころ、〇〇を取り入れることで、ルーチンワークにかかる時間を半分にしたんだそうだ」など、「できる人」の仕事ぶりを事例として伝え、ルーチンワークの奥の深さを教えていきましょう。そのためにも、あなた自身、日常のルーチンワークで工夫・改善を重ねる見本となることが大切です。

Q4 納得づくでないと動かない新人

「この仕事、何のためにするんですか？」「何か意味があるんですか？」「先輩は、この仕事の何に、やりがいを感じているんですか？」などと、疑問をストレートに表現する新人が、最近は増えています。D君もそんな1人です。

あなたが、D君に営業トレーニングとして飛び込みを指示し、1日10枚の名刺を受け取ることを目標にさせようとしたところ、D君は、「名刺をもらって、何の意味があるんですか。納得できないことを目標にしても、やる気が出ません」と疑問をぶつけてきました。

あなたなら、D君にどのような指導を行うでしょうか。

A1 新人の疑問の真意を探る

新人が、聞かれもしないのに、こうした疑問をぶつけてきたのは、純粋にその理由や意義を知りたかったからではないはずです。「そんなことをやるよりも、ほかにもっとやりたいことがある」という考えがある場合が大半です。

このような場合、「きちんとあいさつをして、名刺交換できるようになることがビジネスの基本。繰り返し行うことで、基本を固めていこう」とか、「営業は、そもそもすべて受注できるものではない。名刺交換をし、何度もアプローチを重ねるなかから実績が生まれるものだ。名刺交換をして、アプローチする相手を増やしていくのは、営業の第一歩」などと理由を説明しても、「それはわかるが、ほかにもやり方があるはずだ」というD君が、納得する可能性は低いでしょう。

このように、理由をきちんと説明しても、相手が納得していないと感じる場合、説得しようと言葉を重ねたのでは逆効果です。こんな場合は、「では、D君は、どうしたほうがいいと考えているの?」と逆に質問して、相手の真意を探っていくことから始めていきます。

A2 具体的な体験で意義を伝える

新人に質問を返すと、たとえば「名刺をもらうために飛び込みを繰り返すのは、いかにも効率が悪いと思います。それよりも、リストを作成して電話をかけたほうが、効率的にたくさんのお客さまにアプローチできるのではありませんか」などと答えが返ってくるはずです。

D君の考えの問題点を指摘して否定することは簡単ですが、大切なことは、「なるほど。たしかに、そういうやり方も考えられるね」と、まずは受け入れることで、こちらの考えに聞く耳をもってもらいます。そのためには、指導する側の都合で言いくるめようとせず、納得してもらうための**コンセンサス**（131ページ参照）を得ましょう。

そのなかで、電話では得られない、飛び込みで名刺を受け取ることの効用があることを、自分の経験を示して伝えることが大事です。

たとえば、「私も、最初のうちは、D君と同様、飛び込みの営業は泥臭くて効率の悪い方法だと思っていたよ。しかし、お客さまの職場を実際に見て回るうちに、当社の製品がどんな使われ方をしているか、お客さまがどんな悩み・ニーズをもっているかが、だんだんわかってきたんだ。お客さまの様子が見えない電話では、そうはいかないよね。お客さまの様子を知らないと、いい提案をすることもできないよ」といったようにです。こうして新人とやりとりしながら納得感を高める説明なら、新人も、あなたの指示を一度受け入れようという気持ちになるでしょう。

A3 場合によっては好きにやらせてみる

新人がどうしても納得しそうにない場合はどうしたらよいのでしょうか。

そんなときは、それ以上説得するのをあきらめ、「納得できないようだから、それでは、D君のやりたい方法でまずはやってもらうことにしようか」と、新人の考える方法でやらせてみるのも、1つのやり方です。

この場合、留意すべき点は3つです。

①何をどう行うのか、やらせる内容について、上司も含めてきちんと**コンセンサスを得て**いく。
②基本は新人の考えた方法ですが、問題が起こらないよう計画に修正・指示を加え、**こまめに支援**していく。
③問題が発覚した時点で中断し、**振り返り**を行う。

自分のやり方の問題点に気づいて修正するという経験をすることも必要です。

ただし、このやり方は、あくまで例外的な対応ととらえましょう。「疑問をぶつければ、自分のやりたいようにやらせてもらえる」と新人が考えてしまうと、今後の指導に支障をきたすようになってしまいます。

Q5 やる気・自信を失った新人

入社後数ヵ月たち、新人のEさんは、最近、元気がないようです。ほかの新人と比べて、特に飲みこみが早いわけでも、めだつ存在でもなかったのですが、前向きに仕事に取り組んでいたので、少しずつでも着実に成長していることを指導担当は喜んでいました。

しかし、ほかの新人のなかに、大型受注を決めたり、社内プロジェクトメンバーに抜擢される人が現れるようになり、同期の新人と自分を比較して、嫉妬やいじけた気分を感じているようです。そのせいか、やる気を失い、ミスもめだってきました。

あなたなら、Eさんをどのように立ち直らせていきますか。

A1

関心はもち続けるが関与は減らしていく

新人はさまざまな期待と不安を抱いて入社しますが、その期待のなかには、「自分はこんなふうに活躍したい」という、自分自身に対する期待も含まれています。ところが、実際にはイメージした以上の活躍ができることは少ないもの。自信喪失に陥る新人をよく見かけます。

特に、同期の人間と比較して、自分だけ取り残された気持ちになることも多く、ついほかの人のことを気にしがちになります。「自分も企画に配属されていたら、もっと活躍できたはずなのに」といった形で不平・不満をもつのも、会社という組織に慣れてきたころの新人にありがちな反応です。

結論からいえば、ぶつかった壁は、自分で乗り越えていかなければなりません。一人前のビジネスパーソンとして一人立ちさせるためにも、過保護すぎるのはよくありません。大切なのは、新人に対する関心は以前と同じようにもち続けるものの、関与する度合いは減らしていくことです。

新人がいじけない程度に注意を払い、悩みや不安など、とことん話を聴く時間をもつことも大切です。また、自分から相談してこなくても、「最近、元気がないようだけど、大丈夫？」と声をかけてあげるとよいでしょう。

ただし、その接し方は、入社したてのころの新人に対するものと同じであってはいけません。新人の悩みや不安に共感を示しつつも、正解をすぐに与えないのが基本スタンスです。

「もう自分で考えられるじゃないか。私が面倒をみなくても、自分でできるだけの実力は身についているから、大丈夫だよ」という姿勢で話を聴きましょう。

指導担当者の役割は、新人の自立を助けること。「困ったら常にフォロー」ではなく、少し離れて見守ることも大事です。

自分で乗り越えさせるための支援をする

嫉妬したり、いじけたりしている新人は、その原因となっている事象について考え、自分なりに答えを出す以外に、その状況を乗り越える方法はありません。新人自身も苦しいかもしれませんが、あなたはそっと見守り、適切な支援をさりげなく提供することにとどめましょう。

あなたが新人に支援してやれることは、つぎのことです。

①プラスの表現で話す

こうした悩みをもつ新人の話を聴くとき、「Yさんと比べて、自分はなんて仕事ができないのだろう」とマイナスの表現が使われることが多いはずです。

「うん、Eさんの気持ちはわかるよ」と共感するのと同時に、「でもそれって、Yさんと自分の違いに気づいているってことだよね」などと、プラスの表現で話し、新人が前向きな気持ちになれるように働きかけていきます。

②新人の言葉で語らせる

一般に、問題解決をめざす場面では、感情や気持ちより、むしろ事実に関する情報収集に焦点を当て、具体的な対策を引き出すことに注力していきます。

しかし、落ち込んで精神的な余裕のないときには、事実を一つひとつ確認する前に、まず十分に新人の気持ちを語らせ、吐き出させる支援をしましょう。

③きっかけを与えて糸口を見つけさせる

②の支援を経て、新人が落ち着いた状態になれば、事実に関する情報収集に焦点を当て、具体的な対策を引き出していきます。

ここで大切なことは、問題の整理や、具体的な対策は、新人自身にやらせることです。あなたには、質問をつうじてヒントを与え、新人自身の気づきを促すよう支援する姿勢が求められます。

その場で話を聴くだけで、新人が具体的な対策にたどり着けることはむしろ少ないでしょう。そこで、新人が問題解決の糸口を見つけられるよう、そのきっかけを与えてやるようにします。

「私はこうやって解決したけれど、ほかの先輩の話を聞いてみてもいいんじゃないかな。きっと、人それぞれ、いろいろな経験があると思うよ」などと促して、いろいろな人と話をさせるようにしましょう。そうすることで、多様なものの見方があることに気づき、新人にとってもよい刺激となります。

第4章 学習のポイント

01 ▶ 説得力を高める

1. 新人は、基本的に、あなたの指示することに対して受け身ですが、あなたの言うことにすべて納得しているとは限りません。大切なことは、あなたと新人の間にコンセンサスができていることです。
2. 新人とコンセンサスをつくるには、お互いの問題意識が高いことが条件となります。ときには、新人からの逆提案を引き出すのも１つの方法です。

02 ▶ 指導・育成場面を探す

1. 新人を指導・育成する機会は、無数にあります。具体的な仕事の指示を与える場面だけではなく、報告を受ける場面や、アフター5、ランチタイムなども活用し、新人に働きかけることで、効果的に指導を行うことが可能になります。
2. さまざまな場面で適切な指導を行うには、新人の問題点を的確に把握しておくことが必要です。問題はおおざっぱにとらえるのではなく、「知識」「態度」「スキル」「習慣」の４つに分類して整理するのが効果的です。

03 ▶ Q&A こんなときどうする？

1. 実際に指導を行っていると、どう指導を行っていくか迷う、さまざまな場面に遭遇します。表面化している問題に対処するだけではなく、その背後にある原因・理由を考えることで、より適切な指導を行うことが可能になります。

各章の振り返り

第1章

教えることの効用と教える際に必要な姿勢、知識の基本

新人指導は自分自身にとっても、仕事の基本を再確認し、リーダーシップを磨ける絶好の機会となります。

そのためにも、新人に教える「仕事の基本」を再確認するとともに、信頼関係を構築する姿勢で新人と接することが、重要です。

第2章

教える際の基本となる3つのステップとその重要性について

「やって」「やらせてみて」「コメントする」の3つが、教えるときの基本のステップです。その際、目的・背景・意義などをしっかり伝え、そのつど評価することで、新人が「自分で考えられる」ようにすることが求められます。

第３章

「話す」「聴く」「フィードバック」を効果的に行う実践的スキル

「話す」「聴く」「フィードバック」は、コミュニケーションの３大要素であり、「教える」場面にとどまらず、すべてのビジネスシーンにおいて役立つものです。コミュニケーション力を高めるうえで重要かつ実践的なスキルの習得をめざしましょう。

第４章

実際に「教える」場面で遭遇する悩み・課題への取り組み方

「納得づく」でやらせること（＝コンセンサス）と、無数にある指導・育成の機会を生かすことの重要性を学びました。さらに、実際の指導場面で遭遇する悩みについて、その理由・背景まで考えることの重要性をケーススタディで学びました。

指導能力自己チェック

今まで学んできたことを振り返り、これからの成長にとって、特に伸ばすべきポイントを知るために、自己評価し、目標を設定していきましょう。

ステップ1 全体自己評価

下の表の各設問ごとに、現在の自分にもっとも適合していると思うものにチェックをしてください。

分野	設問	そう思わない	どちらとも言えない	そう思う
仕事の基本の再確認	基本行動「ビジネスマナー」について日頃から新人の手本となることを意識している。	1	2	3
	基本行動「ルール」について日頃から新人の手本となることを意識している。	1	2	3
	基本行動「報・連・相」について日頃から新人の手本となることを意識している。	1	2	3
	基本行動「6つの意識」について日頃から新人の手本となることを意識している。	1	2	3
	基本態度と基本能力について日頃から新人の手本となることを意識している。	1	2	3
心がまえ	教えるということについての意義を理解している。	1	2	3
	新人との信頼関係を築くよう努力している。	1	2	3
	新人のやる気を引き出すように働きかけている。	1	2	3
	新人に対する配慮ができている。	1	2	3
	中堅へのステップアップのために求められていることを理解している。	1	2	3
教え方の基本ステップ	「教える」ための準備として必要なことを、育成準備表、計画表にまとめることができる。	1	2	3
	仕事やビジネスマナーなどの基本的なことを「やってみせる」ことができる。	1	2	3
	機会をみつけて新人に「やらせる」ことができる。	1	2	3
	新人の行った仕事などについて、客観的に、その場で「コメントする」ことができる。	1	2	3
	1日の流れや仕事の流れ（PDCA）に沿った指導を行うことができる。	1	2	3
教え方の基本スキル	伝え方、声の出し方やスピードなどの「話し方のスキル」を意識して実践している。	1	2	3
	話すことを論理的に構成するなどの「話し方のスキル」を意識して実践している。	1	2	3
	傾聴するときの「聴き方のスキル」を意識して実践している。	1	2	3
	質問するときの「聴き方のスキル」を意識して実践している。	1	2	3
	ほめる・叱るという基本的な「フィードバックのスキル」を意識して実践している。	1	2	3
教え方の実践スキル	新人に納得して仕事に取り組んでもらうために、コンセンサスをとるようにしている。	1	2	3
	新人の課題に着目して、具体的な指導・育成場面について日頃から考えている。	1	2	3
	仕事における「報告」の場面を指導・育成に生かすようにしている。	1	2	3
	仕事における「連絡」の場面を指導・育成に生かすようにしている。	1	2	3
	仕事における「相談」の場面を指導・育成に生かすようにしている。	1	2	3

ステップ2 レーダーチャートで強みと弱みを知ろう!

各チェック項目の合計点数を下のレーダーチャートに転記して、自分の強みと弱みを客観的にとらえましょう。

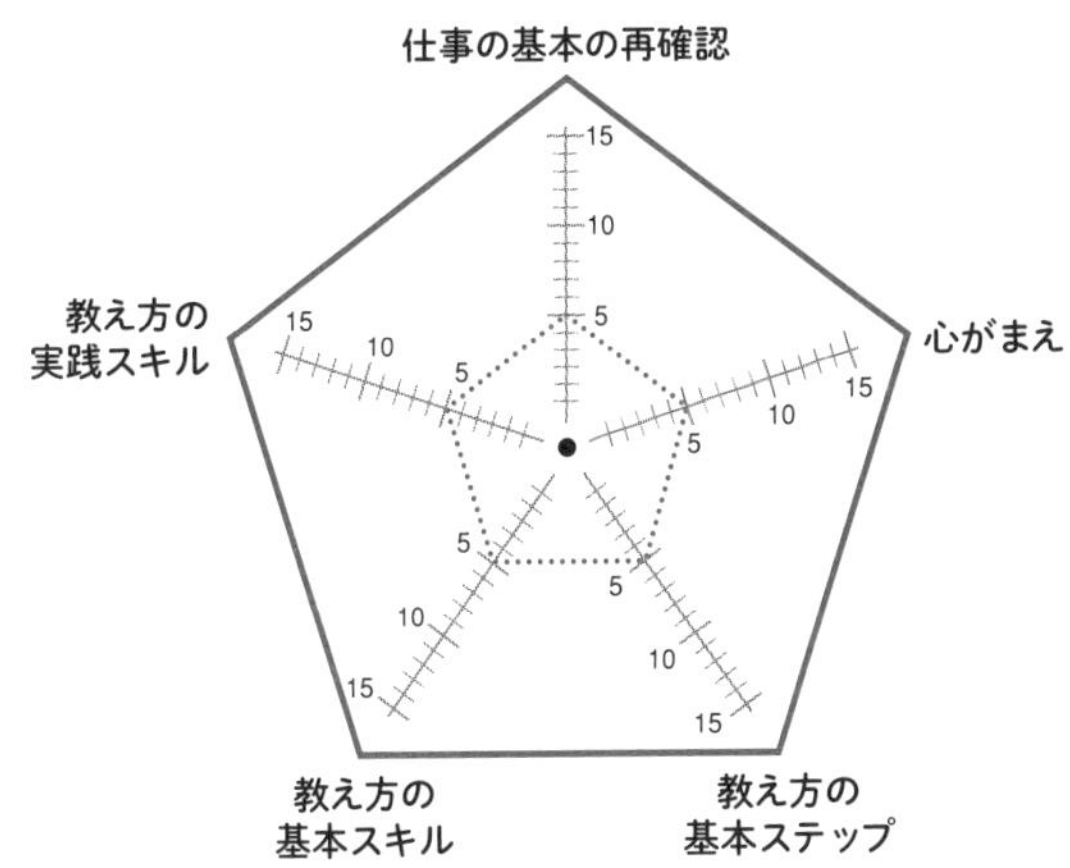

ステップ3 伸ばすべき能力・スキルを決めよう!

レーダーチャートを参考に、これから自分が伸ばしていくべき能力やスキルを決め、そのための具体的な方法とその目標達成時期を決めてください。

優先順位	伸ばすべきスキル	具体的な方法	達成時期
			年 月
			年 月
			年 月

JMAM「基本能力研究会」
日本能率協会マネジメントセンター内にある、新人研修教育などを主に担当するメンバーで構成される。日々進化する新人教育の最前線に対応した研修や教材を開発している。

新人指導の教科書

2024年 6 月 10 日　初版第1刷発行

著　者――JMAM「基本能力研究会」
発行者――張 士洛
発行所――日本能率協会マネジメントセンター
〒103-6009 東京都中央区日本橋2-7-1　東京日本橋タワー
TEL 03（6362）4339（編集）／03（6362）4558（販売）
FAX 03（3272）8127（編集・販売）
https://www.jmam.co.jp/

装丁・本文デザイン――株式会社aozora
カバーイラスト――佳奈
D　T　P――株式会社キャップス
印　刷　所――シナノ書籍印刷株式会社
製　本　所――株式会社新寿堂

ISBN 978-4-8005-9216-3　C2034
落丁・乱丁はおとりかえします。
PRINTED IN JAPAN